Andrew **Wommack**

More Grace More Favor
ISBN : 978-1-6803-1523-3
Copyright ⓒ 2020 by Andrew Wommack
Published by Harrison House Publishers
Tulsa, Oklahoma
www.harrisonhouse.com

Korean, Korea Edition Copyright
ⓒ 2023 by Word of Faith Co.
All rights reserved.

더 큰 은혜, 더 큰 은총

발행일　2023. 9. 16　1판 1쇄 발행
　　　　2023. 12. 1　1판 2쇄 발행

지은이　앤드류 워맥
옮긴이　반재경
발행인　최순애
발행처　믿음의말씀사
2000. 8. 14 등록 제 68호
우)16934 경기도 용인시 기흥구 신정로 301번길 59
Tel. 031) 8005-5483　Fax. 031) 8005-5485
http://faithbook.kr

ISBN 979-11-981352-2-3　03230
값 16,000원

본 저작물의 저작권은 '믿음의말씀사'가 소유합니다.
저작권법에 의해 보호를 받는 저작물이므로 무단 전재와 복제를 금합니다.

한 번도 경험하지 못했던 겸손의 능력을
당신의 삶에 풀어 놓으라

더 큰 은혜
더 큰 은총

앤드류 워맥 지음 | 반재경 옮김

믿음의말씀사

| 목차 |

서문 _ 7

01 이 세상과는 다른 시스템 _ 11
02 교만의 저주 _ 21
03 '자기중심적인 사고방식'이라는 덫 _ 33
04 자기 스스로를 높이려는 욕구 _ 45
05 불순종의 뿌리 _ 55
06 하나님께서 요구하시는 것 _ 65
07 겸손의 반응 _ 73
08 겸손의 얼굴 _ 83
09 겸손의 결과 _ 93
10 겸손은 순종한다 _ 103
11 하나님적인 사랑 _ 113
12 겸손은 의지한다 _ 123

13 충성된 증인 _ 133

14 높임을 받는 비결 _ 143

15 예수, 우리의 롤 모델 _ 153

16 진정한 성공 _ 163

17 하나님의 선택 _ 173

18 겸손은 감사한다 _ 183

19 겸손은 하나님께 영광 돌린다 _ 193

20 겸손은 분노를 가라앉힌다 _ 203

21 판단하지 말라? _ 213

22 겸손은 긍휼히 여긴다 _ 225

23 매일의 결단 _ 235

24 겸손과 믿음 _ 245

25 겸손은 한결같다 _ 255

26 때를 따라 돕는 은혜 _ 265

서문

수년 전, 저는 이렇게 기도했었습니다. "주님, 지금 제가 있는 곳에서 주께서 원하시는 곳으로 가려면 어떻게 해야 합니까?" 그렇게 기도하고 눈을 떴는데 제 앞에 놓인 성경이 보였고 주님의 음성이 들렸습니다. "내 말씀을 네 마음에 두라. 나머지는 말씀이 이루리라."

그날 이후로 계속 알게 되는 것은, 하나님의 말씀이야말로 그리스도인의 삶으로 하여금 열매 맺고 승리하게 하는 가장 중요하고 유일한 요소라는 것입니다. 우리는 말씀으로 하나님을 알아갑니다(요 1:1). 또한 예수님께서 공급해 주신 풍성한 삶 가운데 살아가는 방법을 배우는 것도 말씀을 통해서입니다(요 10:10). 말씀이 우리의 확고한 기반입니다. 그러나 불행하게도 대부분의 그리스도인들이 자신들이 믿는 바를 성경 말씀으로 교정받으려 하지 않습니다. 그리고 그러한 태도가 그들의 삶을 파괴하고 있습니다. 그들은 이기적이며 자존감이 낮습니다. 주변의 불신자들만큼 병들고, 우울하고, 패배감에 괴로워합니다. 하나님을 모르기에 삶이 엉망입니다. 그분의 말씀을 모르기 때문입니다.

　우리가 인식하든 아니든 상관없이 하나님의 나라는 세상 시스템과 다르게 작동합니다. 다른 법과 다른 원리에 의해 통치되고 있으며 그렇기 때문에 다른 결과가 나옵니다. 세상이 두려움과 공포로 위축될 때도 하나님의 나라는 안식과 평안 가운데 있습니다. 세상이 경제위기로 휘청거리고 정치적 격변에 비틀거릴 때도 하나님의 나라는 형통하며 안전합니다. 로마서는 하나님의 나라에 대해 이렇게 말합니다. "하나님의 나라는 먹는 것과 마시는 것이 아니요 오직 성령 안에 있는 의와 평강과 희락이라"(롬 14:17) 그리고 좋은 소식이 있는데 거듭난 사람들은 모두 자동적으로 이 나라에 속한다는 것입니다(골 1:13). 그러나 하나님의 나라가 어떻게 작동하는지 모른다면 믿는 자들이라 할지라도 평생 그 유익을 경험하지 못할 수도 있습니다.

　하나님의 나라는 은혜의 나라입니다. 우리는 그곳에 속할 자격이 없었습니다. 그 유익을 얻어 낼 수 있는 사람은 아무도 없습니다. 오직 예수님 때문에 그 유익들을 믿음으로 받는 것입니다(롬 5:2). 대부분의 그리스도인들이 오해하는 것이 있는데 믿음은 믿기만 하는 것이 아닙니다. 믿음은 행동합니다(약 2:19-20). 믿음은 하나님의 은혜에 겸손한 순종으로 반응합니다. 하나님의 말씀에 대한 순종으로 말입니다(요 14:21).

하나님의 말씀은 하나님 나라의 법칙들을 열어 보여줍니다. 그 법칙들 중의 하나는 겸손입니다. 물론 겸손이 오늘날 인기 있는 주제가 아니라는 것을 저도 압니다. 그러나 하나님께는 매우 중요한 주제입니다. 그분의 성품 중 하나이기 때문입니다. 예수님은 육신으로 나타난 하나님이신데(요 1:14) 자신을 마음이 온유하고 겸손하다고 묘사하셨습니다(마 11:29). 그분은 겸손하셨습니다. 그리고 아버지를 완벽하게 보여주셨습니다(히 1:3). 그 말은 하나님도 겸손하시다는 뜻입니다. 그래서 그분은 겸손에 반응하십니다. 야고보서 4장 6절은 이렇게 말합니다. "그러나 더욱 큰 은혜를 주시나니 그러므로 일렀으되 하나님이 교만한 자를 물리치시고 겸손한 자에게 은혜를 주신다 하였느니라"

겸손은 우리로 하여금 하나님으로부터 은혜를 받게 해 줍니다. 세상은 이것을 이해하지 못하며 교회 또한 대부분 이해하지 못하고 있습니다. 그들은 은혜 안에서 행하길 원하고 하나님의 은총과 능력, 기름부음을 누리기 원하지만 하나님께서 겸손을 어떻게 여기고 계신지는 모릅니다.

이 책을 읽은 뒤에 당신은 그렇지 않기를 기도합니다! 이 책에서 저는 겸손에 대한 수없이 많은 성경적 증거들을 제시할 것입니다. 그 증거들은 저의 삶을 바꿔놓았으며 당신이 허락한다면 당신의 삶도 변화시켜 줄 것입니다. 이 책이 여러분에게 은혜가 되길 바랍니다.

01
이 세상과는 다른 시스템

하나님의 나라는 은혜의 나라입니다. 하나님에 대한 전부와 하나님께서 소유하신 모든 것이 그리스도 안에서 우리에게 제공되어 있는데 그것은 우리가 얻어낸 것이 아니라 자격 없이 받은 것들입니다(롬 12:6). 그런데 안타깝게도 그 은혜의 유익들을 평생 경험하지 못하는 그리스도인들이 많습니다. 그 이유는 매우 단순합니다. 하나님의 은혜에 믿음으로 반응하는 방법을 배우지 못했기 때문입니다.

은혜를 정의할 때 대부분 '자격 없이 거저 받은 호의'라고 하는데 그것도 맞는 말이지만 완전하지는 않습니다. 성경은 **은혜**라는 단어를 사용하여 여러 가지 것들을 묘사하고 있습니다. 바울은 이방인들을 향한 자신의 사역을 은혜의 "직분"(또는 경륜)이라고 했습니다(엡 3:2, 새번역). 그리고 로마서에서는 은혜로 받은 은사들을 나열하고 있습니다(롬 12:6-8). 사도 베드로도 "각각 은사를 받은 대로 하나님의 여러 가지 은혜를 맡은 선한 청지기 같이 서로 봉사하라"(벧전 4:10)고 했습니다. 이 구절에서 **여러 가지**로 번역된 단어는 "여러 가지 다양한 형태 또는 요소"라는 뜻입니다. 그렇기 때문에 **은혜**라는 말에는 '자격 없이 거저 받은 호의'라는 뜻도 있지만 '우리 삶에 역사하는 하나님께서 주신 재능, 하나님의 기름부음, 하나님의 능력'이란 뜻도 있습니다. 그러니까 하나님께로부터 오는 좋은 것들은 모두 은혜라고 할 수 있습니다.

디도서 2장 11절은 은혜가 모든 사람들에게 나타났다고 합니다(킹제임스 흠정역). 그런데 그렇다고 해서 모든 사람들이 은혜를 받아들이는 것은 아닙니다. 하나님께서 이미 공급해 놓으신 것을 받으려면 자신을 겸손하게 해야 합니다. 구원받을 때 우리는 자신을 겸손하게 했습니다. 구원을 받는다는 것은 내가 예수님을 위해 한 일이 아니라 예수님께서 나를 위해 하신 일을 받아들이는 것이기 때문입니다. 야고보서 4장 6절은 하나님께서 원하시는 대로 살기 위해 "더 큰 은혜"가 필요한데 그것은 자신을 계속해서 겸손하게 할 때만 가능하다고 말합니다.

> 그러나 더욱 큰 은혜를 주시나니 그러므로 일렀으되 하나님이 교만한 자를 물리치시고 겸손한 자에게 은혜를 주신다 하였느니라
> 야고보서 4:6

확대성경 클래식 버전(AMPC)은 야고보서 4장 6절을 이렇게 번역했습니다.

그러나 주께서 우리에게 더욱더 많은 은혜(세상의 악한 조류와 그 외의 것들을 넉넉히 이기게 하는 성령의 능력)를 주십니다. 그래서 그분이 이렇게 말씀하신 것입니다. '하나님은 교만하고 거만한 자를 대적하시지만 낮은 자(하나님께서 주시는 은혜를 받아들일 만큼 겸손한 자)들에게는 [계속적으로] 은혜를 주신다.'　　　　야고보서 4:6 AMPC, 역자 직역

하나님께서 "더욱더 많은 은혜"를 주시는데 "그것을 받아들일 만큼 겸손한 자들"에게 주신다는 부분을 주목해 보십시오. 하나님의 은혜를 받아들이는 것에는 겸손이 요구됩니다. 그런데 더 많은 은혜를 받는 것이 가능하다면 더 적은 은혜만 받는 것도 가능합니다. 즉 하나님은 모든 사람이 은혜를 받을 수 있게 해놓으셨지만 그 은혜를 얼마나 누리며 살 것인지는 우리가 결정한다는 것입니다.

믿는 자로서 당신은 좋은 일들이 일어나길 바라고 있을 것입니다. 배우자와의 관계를 위해 기도하거나 자녀들을 위해 기도하고 있을지도 모릅니다. "건강과 부요"를 약속하는 성경 구절들을 붙여놓고 있거나 아니면 목사님 설교 중에 들었던 말을

계속해서 암송하고 있을지도 모릅니다. 그러나 당신에게 겸손이 없다면 하나님의 은혜가 삶 가운데 역사하는 것을 제한하게 됩니다. 우리 안에 계신 성령님은 그대로지만(골 2:9-10) 우리를 통한 성령님의 역사는 줄어들 수 있다는 말입니다. 구원은 받았지만 성장이 없을 수 있습니다. 그렇기 때문에 하나님의 은혜를 전부 누리려면 하나님 나라의 법칙들에 협력하는 법을 배워야 하고 모든 일에 있어서 하나님의 방법을 선택해야 합니다.

하나님의 나라는 이 세상과는 다른 시스템으로 돌아가고 있습니다. 바리새인의 잔치에 초대받아 높은 자리를 택하는 사람들에게 예수님은 낮은 자리를 택하라고 하셨습니다. 왜냐면 더 높은 사람이 나타날 경우, 주인이 다른 자리로 옮기라고 할 텐데 그러면 망신을 당하기 때문입니다. 낮은 자리를 택하면 오히려 주인이 다른 손님들이 보는 앞에서 더 높은 자리를 권할 수도 있습니다. "무릇 자기를 높이는 자는 낮아지고 자기를 낮추는 자는 높아지리라"(눅 14:11) 사실, 사역자 세미나에 참석할 때마다 이와 동일한 모습을 보게 됩니다. 사람들은 영향력 있는 사역자들에게 조금이라도 가까운 자리, 타인들의 눈에 띄는 자리 등 좋은 자리를 차지하려고 다툽니다. 그러나 예수님은 자기 자신을 높이지 말라고 하셨고 그런 상황에서 특별대우나 관심을 바라지 말라고 하셨습니다.

이것은 세상의 방법과는 반대입니다. 세상은 이런 식으로 말합니다. "넘버원을 추구하라", "네 자신을 스스로 알리지 않으면 누가 해 주겠냐", "그것을 취하라. 너는 그것을 가질 자격이 있다." 잡지 표지를 장식하는 사람들, 선거에 출마하는 사람들이 이런 식으로 살아가고 있습니다. 그들은 오만하고 이기적이며 무례합니다. 그들이 생각하는 인생 최고의 찬사는 이런 것입니다. "나의 방법으로, 내 힘으로 이루어 냈습니다." 그러나 하나님의 말씀은 그것이 엄청난 미혹이라고 하십니다.

> 여호와여 내가 알거니와 사람의 길이 자신에게 있지 아니하니 걸음을 지도함이 걷는 자에게 있지 아니하니이다
>
> 예레미야 10:23

> 이는 세상에 있는 모든 것이 육신의 정욕과 안목의 정욕과 이생의 자랑이니 다 아버지께로부터 온 것이 아니요 세상으로부터 온 것이라
>
> 요한일서 2:16

세상 시스템은 하나님에게서 분리되어 있습니다. 세상은 "아버지께로부터 온 것"이 아닙니다. 그런데 안타깝게도 너무나 많은 그리스도인들이 여전히 이러한 교만과 자립의 세상 시스템 속에서 행하고 있습니다. 우리 믿는 자들은 더 이상 이

세상에 속해있지 않습니다. 그리스도 안에서 우리는 새로운 피조물이니까요(고후 5:17). 그래서 우리는 이 세상처럼 살면 안 됩니다. 세상 사람들처럼 생각해서도 안 됩니다. 우리는 새로운 피조물이기에 새로운 본성을 가졌습니다. 그것은 죄를 원하지 않는 본성입니다. 어떤 사람들은 이렇게 자문합니다. '그렇다면 왜 나는 아직도 죄와 이기심으로 버거운 걸까?' 말씀을 읽고 진리를 배우지만 여전히 부족한 모습 때문에 자신은 두 가지 본성을 가졌을 거라 생각합니다. 하나는 하나님을 사랑하고 옳은 일 하기를 원하는 본성이고, 나머지 하나는 그러한 하나님적인 소원함을 대적하는 본성이라고 생각하는 것입니다. 그러나 그것은 전혀 진리가 아닙니다.

바울이 로마서에서 선포했듯이 옛 본성, 그러니까 우리 안에 죄에 끌리는 그 본성은 죽었습니다. 그리스도와 함께 십자가에 못 박혔습니다.

우리가 알거니와 우리의 옛 사람이 예수와 함께 십자가에 못 박힌 것은 죄의 몸이 죽어 다시는 우리가 죄에게 종 노릇 하지 아니하려 함이니 이는 죽은 자가 죄에서 벗어나 의롭다 하심을 얻었음이라 만일 우리가 그리스도와 함께 죽었으면 또한 그와 함께 살 줄을 믿노니 이는 그리스도께서 죽은 자 가운데서 살아나셨으매 다시 죽지 아니하시고 사망이 다시 그를 주장하지 못할 줄을 앎이로라 그가 죽으심은 죄에 대하여 단번에 죽으심이요 그가 살아 계심은 하나님께 대하여 살아 계심이니 이와 같이 너희도 너희 자신을 죄에 대하여는 죽은 자요 그리스도 예수 안에서 하나님께 대하여는 살아 있는 자로 여길지어다   로마서 6:6-11

바울이 말하는 바는 이렇습니다. 그리스도께서 죄에 대하여 죽으시고 다시 살아나셔서 하나님을 영화롭게 하신 것처럼 우리가 믿을 때, 우리도 죄에 대하여는 죽고 "하나님께 대하여는 살아 있는 자"가 됩니다. 옛 본성, 즉 우리의 "옛 사람"은 죽었습니다. 그리고 고린도후서 5장 17절이 말하는 새 본성은 예수님께서 하신 것과 동일하게, 이제 하나님을 영화롭게 하기 위해 살고 있습니다. 이 말은 그리스도인들이 죄를 짓는 것이 불가능하다는 뜻은 아닙니다. 우리는 죄의 지배를 받을 필요가 없다는 뜻입니다.

그것은 그리스도의 사랑이 우리를 지배하고 있기 때문입니다. 한 사람이 모든 사람을 대신하여 죽었으므로 모든 사람이 죽은 것이라고 우리는 확신합니다.
                        고린도후서 5:14, 현대인의 성경

이제 우리에게 선택권이 있습니다. 그리스도의 사랑이 우리를 지배하게 할 수도 있고 옛 습성과 옛 사고방식이 우리의 삶을 끌고 가도록 내버려 둘 수도 있습니다. 하나님께서 만드신 우리의 정신적, 혼적 부분은 컴퓨터와 비슷하다고 할 수 있습니다. 우리는 특정 행동과 태도가 저절로 작동되도록 우리의 마인드에 프로그램을 다시 깔 수 있습니다. 구원받기 전의 우리는 모두 자기를 가장 우선시하도록 프로그램되어 있었습니다. 대부분의 그리스도인들이 죄 때문에 힘들어하는 이유는 그러한 태도들의 프로그램을 다시 깔지 않았기 때문입니다. 생각을 새롭게 하지 않은 것입니다.

전에는 죄의 본성이 우리의 생각을 다스렸었습니다. 그것은 우리로 하여금 이기적이도록 가르쳤고 두려워하며 미워하게 했습니다. 그리스도께서 그 본성의 권능을 깨뜨리셨지만 그로 인한 옛 습성들은 우리가 처리해야 합니다. 컴퓨터에 새 프로그램을 다시 깔기 전까지는 이전에 깔아 놓은 옛 프로그램이 돌아가는 것처럼 우리가 우리의 생각mind을 새롭게 하지 않는다면 그것은 계속해서 우리를 죄로 끌고 갈 것입니다(롬 12:2).

이것이 바로 바울이 로마서에서 설명한 요점입니다. 그리스도의 생명을 경험하고 하나님을 영화롭게 하려면 우리의 옛 자아가 죽었다는 것을 반드시 알아야 합니다. 그리고 그 옛 행동과 태도들이 "새로운 프로그램"으로 바뀔 때까지 우리의 정체성에 관한 진리에 맞게 생각을 새롭게 하는 단계를 밟아 나가야 합니다. 이렇듯 하나님 나라 안에서 행하려면 세상의 영향으로부터 우리 자신을 분리시켜야 합니다.

이 지구를 다스리는 물리적인 법칙들이 있듯이 하나님 나라를 다스리는 영적인 법칙들이 있습니다. 그 법칙 안에서 행하는 법을 배우면 하나님의 나라를 더 많이 경험하게 됩니다. 예를 들면, 하나님은 우리를 위해 중력을 만드셨습니다. 중력 덕분에 우리는 우주로 떠다니지 않으며 자동차들도 땅에 잘 붙어 있습니다. 그런데 누군가 이 법칙을 무시하고서 높은 건물이나 다리에서 뛰어내린다면, 하나님께서 우리를 복되게 하시려고 만드신 바로 그 법칙 때문에 그는 죽게 됩니다. 하나님께서 그를 미워하신 것이 아닙니다. 그를 대적하신 것도 아니고요. 그것은 물리적인 법칙일 뿐입니다.

전기도 마찬가지입니다. 전기를 지배하는 법칙은 에덴동산 이후로 변함이 없습니다. 다만 전기를 제대로 사용하는 방법을 발견하기까지 수천 년이 걸렸을 뿐입니다. 전도체의 종류에 따라 전기가 다르게 흐른다는 것을 발견한 것도 비교적 최근입니다. 전등을 만드는 것 자체는 어려운 일이 아니지만 전선을 전기에 연결하지 않고서 불이 들어오길 바란다면 되겠습니까? 불이 들어오지 않는다고 하나님을 원망해선 안 될 일입니다. 하나님께서 만드신 법칙에 협력하지 않았으니까요.

겸손은 하나님 나라를 다스리는 영적인 법칙입니다. 그 법칙을 무시하면 좌절을 맛보게 될 뿐입니다. 만일 벽에 부딪혀 앞이 막힌 느낌이 들거나 삶의 모든 것이 무너지는 것 같은 느낌을 받는다면 하나님의 법칙과 협력하지 않아서 그런 것입니다. 잠언 15장 33절은 이렇게 말합니다. "여호와를 경외하는 것은 지혜의 훈계라 겸손은 존귀의 길잡이니라" 하나님의 나라에서 은혜와 존귀는 겸손 없이 역사하지 않습니다. 그렇기 때문에 우리는 무엇이 참된 겸손인지 배워서 그것에 협력해야 합니다.

02
교만의 저주

대부분의 교계가 성경적인 겸손을 이해하지 못하지만 겸손이 교만의 반대라는 것에는 거의 다 동의합니다. 하나님은 교만을 미워하십니다(잠 6:16-19). 잠언 13장 10절은 이렇게 말합니다. "오직 교만에 의해서 다툼이 생기나…"(킹제임스 흠정역) 모든 다툼, 분노, 갈등, 그리고 그에 따라 오는 쓴 뿌리는 교만의 직접적인 결과입니다.

잠언 18장 12절은 이렇게 말합니다. "사람의 마음은 멸망에 앞서 교만해지고, 존귀에 앞서 겸손이 있느니라"(한글킹제임스) 이 구절은 솔로몬이 잠언 16장 18절에서 한 말과 조화를 이룹니다. "교만에는 멸망이 따르고, 거만에는 파멸이 따른다"(새번역) 사람들이 살면서 힘들어하는 주된 이유는 교만 때문입니다. 교만이 이혼과 퇴사의 원인이며, 재정적으로 힘들어지고 건강에 문제가 생기는 것도 교만 때문입니다.

우리가 당면하는 문제들이 전부 우리 자신의 교만 때문이라는 뜻은 아닙니다. 우리의 문제는 다른 사람의 교만 때문에 야기됐을 수도 있습니다. 그러나 인간이 겪는 대부분의 고통은 자기 스스로 야기한 것입니다. 대부분 하나님 앞에서 자신을 겸손하게 낮추기를 거절하고 그분의 지혜를 따르지 않은 것의 직접적인 결과입니다.

저에게 재정 문제로 기도를 부탁하는 사람들이 있습니다. 그러면 그분들과 대화를 통해 수입은 꽤 많다는 걸 알게 됩니다. 문제는 버는 것보다 더 많이 쓴다는 것입니다. 하나님 말씀의 지혜를 따라 돈을 모으지 않고 갖고 싶은 것들을 전부 신용카드로 사는 것이 문제입니다. 그러면 결국 이자까지 해서 그 물건의 원래 가치보다 두세 배를 지불하는 격입니다. 그 정도는 다 알지 않습니까! 그들도 이자에 대해 알고 있습니다. 가진 돈보다 더 많이 쓰면 안 된다는 사실을 알고 있습니다. 그럼에도 불구하고 그 물건을 지금 당장 갖고 싶은 것입니다. 그 결과 일시적인 만족 때문에 지혜를 버립니다. 그것이 교만입니다.

우리가 잘 인식하지 못하는 것이 있는데 교만이 원죄였습니다. 에덴동산에서 아담과 하와가 지은 죄가 인류를 멸망시키기 전에 교만이 이미 루시퍼를 하늘에서 쫓아냈었습니다.

> 오 아침의 아들 루시퍼야, 네가 어찌 하늘에서 떨어졌는가! 민족들을 약하게 만든 자야, 네가 어찌 끊어져 땅으로 떨어졌는가! 네가 네 마음속으로 이르기를, 내가 하늘로 올라가 내가 하나님의 별들 위로 내 왕좌를 높이리라. 또 내가 북쪽의 옆면들에 있는 회중의 산 위에 앉으리라. 내가 구름들이 있는 높은 곳 위로 올라가 내가 지극히 높으신 이와 같이 되리라, 하였도다.   이사야 14:12-14, 킹제임스 흠정역

루시퍼는 하나님을 미워했던 것이 아닙니다. 그는 하나님을 시기했습니다. 하늘로 올라가서 지극히 높으신 이와 같이 높임 받기를 원했습니다. 에스겔은 루시퍼를 "기름부음 받은 그룹"이라고 불렀습니다(겔 28:14). 또한 그가 보석으로 단장하였고 그 안에 소고와 비파가 예비되었다고 했습니다(겔 28:13). 대부분의 학자들은 사단이 하늘의 찬양 인도자로 창조되었으며 그의 몸이 악기처럼 소리를 냈다고 주장합니다. 그런데 사단은 하나님께서 계획해 주신 자신의 역할에 만족하지 않았습니다. 그는 하나님께만 합당한 영광과 경배를 자기가 가지려고 했습니다. 그것이 교만입니다.

아담과 하와도 같은 덫에 걸렸습니다. 그들이 선악과를 먹은 것은 하나님을 증오해서 그런 것이 아닙니다. 그들은 하나님처럼 되길 원했습니다. 그래서 하나님의 지혜를 거절하고

자신들의 지혜를 높였던 것입니다. 대부분의 사람들은 그것을 불순종이라고 부르지만 그 핵심은 교만입니다. 하와는 하나님께서 뭔가를 감추신다고 생각했습니다. 그들에게 주지 않고 감춰놓으신 것이 있다고 생각한 것입니다. 그래서 그 축복을 자신의 방법으로 얻어내기 위해 자기의 명철을 의지했던 것입니다(잠 3:5). 하나님으로부터 자립을 한 것입니다.

하나님께서 아담과 하와에게 주지 않으시려고 했던 것들은 죄로 인해 오는 상처, 골칫거리들, 사망, 질병, 가난 같은 것들이었습니다. 아담과 하와가 다음과 같이 말했다면 죄는 들어오지 않았을 것입니다. "하나님을 신뢰할 것인가, 말 것인가를 결정하는 것은 내가 아니야. 내가 하나님이 아니라 그분이 하나님이시다. 하나님께서 그렇게 말씀하셨으니 나는 그것에 순종한다." 다른 말로, 그들이 자기 자신의 지혜보다 하나님의 지혜를 높였다면 죄를 짓지 않았을 것입니다.

아담과 하와에게는 하나님을 의심할 이유가 없었습니다. 하나님은 그들에게 항상 좋으셨기 때문입니다. 그들은 완벽한 세상에서 살았습니다. 먹을 것도 충분했습니다. 고통도 없었고 문제도 없었습니다. 말 그대로 지상낙원이었습니다. 하나님께서 뭔가를 숨기신다고 생각할 아무런 이유가 없었습니다. 교만이 그들로 하여금 죄를 짓게 한 것입니다. 이 세상의 모든 악과 부패를 야기한 것은 교만이며 지금도 교만이 우리를 죄 가운데로 이끌고 있습니다. 모든 죄가 교만에 뿌리를 두고 있습니다.

  오늘날의 사회는 교만을 장려합니다. 또한 교회가 겸손을 정확하게 알지 못해서 제대로 가르치지 않았기 때문에 많은 성도들이 교만(또는 거짓 겸손)의 세상적 패턴에 속수무책으로 동화되었습니다. 성경은 우리에게 "이렇게 살라"고 하는데 우리는 "아니야, 나는 저렇게 살거야"라고 합니다. 하나님의 말씀이 약속하는 결과를 원하면서도 하나님의 말씀이 하지 말라는 것들을 행합니다. 말씀은 "믿지 않는 자와 멍에를 함께 메지 말라"(고후 6:14)고 하는데 수많은 사람들이 배우자를 고를 때 이 원칙을 어깁니다. 같은 가치, 같은 신념을 가진 사람을 인생의 동반자로 선택하지 않고 겉모습만 보고 배우자를 고르는 사람들이 많습니다. 남성들은 긴 웨이브 머리와 굴곡 있는 몸매를 가진 여성들에게 끌립니다. 아이를 하나둘 낳다 보면 어느새 그 굴곡은 사라져 버린다는 것을 모른 채 말입니다. 여성들은 큰 키에 적당히 그을린 피부를 가진 잘생긴 남성들에게 끌리지만 그들이 중년이 되어 배가 나오기라도 하면 사랑이 식었다고 합니다. 그런 것은 사랑이 아닙니다. 정욕입니다. 교만이고요.

  잠언 22장 4절은 이렇게 말합니다. "겸손과 여호와를 경외함의 보상은 재물과 영광과 생명이니라" 저는 이 책을 읽는 모든 분들이 재물과 영광, 생명을 원한다고 확신합니다. 하지만 그런 것들을 받기 위해 자신을 겸손하게 하는 사람은 별로 없습니다. 생명을 위해 하나님의 말씀을 들여다보는 사람들이 별로 없습니다. 성경 말씀은 즐겁고 행복하게 오래 살고자 한다면 그 입술을 악에서 멀리하고 평강을 추구해야 한다고 했습니다(시 34:12-14, 쉬운성경). 또한 "마음의 즐거움은 양약이라"(잠 17:22)고 했고 "네 부모를 공경하라 그리하면 네 하나님 여호와가 네게 준 땅에서 네 생명이 길리라"(출 20:12)고 했습니다. 건강에는 영적인 이유도 있다는 뜻입니다.

　이것은 개인적인 생각이지만 식단과 운동이 건강에 미치는 영향은 크지 않다고 봅니다. 아마도 20~30% 정도가 아닐까 합니다. 그러니 인스턴트식품이나 먹으면서 게을러도 된다는 뜻은 아닙니다. 그런 식으로는 형통할 수 없습니다. 그러나 매일 5시간씩 운동하고 고기는 입에도 안 댄다 하더라도 반드시 건강하리란 법은 없습니다. 많은 사람들이 건강을 위한 규율을 거의 율법적으로 따르고 있음에도 불구하고 쓴 뿌리와 분노, 용서치 못하는 마음을 가지고 있습니다. 죽고 사는 것이 혀의 힘에 달렸다(잠 18:21)는 것을 모른 채, 자기 자신을 저주하고 남도 저주합니다. 하나님의 지혜는 저쪽으로 밀어버리고 자기의 지혜를 높이면서 평생 그에 따른 결과를 감당하며 살아갑니다. 대부분의 사람들이 그것을 교만이라고 생각하지 않지만, 사실상 그것은 교만입니다. 그리고 그 교만이 하나님의 은혜를 가로막습니다.

그리스도와 함께 죽은 여러분은 이 세상의 헛된 규칙들로부터 자유로운 사람들입니다. 그런데 왜 이 세상에 속한 사람들처럼 행동하십니까?　　　　　골로새서 2:20, 쉬운성경

우리는 이 세상이 집처럼 편하게 느껴져서는 안 됩니다. 내 진짜 집은 천국에 있음을 알고 이 땅에서는 마치 나그네와 순례자처럼 살아야 합니다(히 11:13, 킹제임스 흠정역). 이 땅의 삶에서는 절대 만족을 경험할 수 없다는 말이 아니라 하나님의 방법으로 살 것을 선택해야 한다는 뜻입니다. 야고보 사도는 이렇게 말했습니다.

너희 간음하는 남자들과 간음하는 여자들아, 세상과 친구가 되는 것이 하나님과 원수 되는 것인 줄 너희가 알지 못하느냐? 그러므로 누구든지 세상의 친구가 되고자 하는 자는 하나님의 원수가 되느니라. 너희는 성경 기록이, 우리 안에 거하는 영이 시기하기까지 욕심을 내느니라, 하고 헛되이 말하는 줄로 생각하느냐?　　　　　야고보서 4:4-5, 킹제임스 흠정역

이것은 아주 엄격한 말씀입니다. 그러나 신약의 말씀입니다. 사람들은 이 구절을 오해하여 '욕심을 낸다(KJV에는 lust, 역자 주)'는 부분을 자동적으로 죄와 동일시합니다. 그런데 이

구절에 쓰인 '욕심을 낸다'라는 단어는 '강력한 갈망을 갖다'라는 뜻입니다. 욕심이 꼭 죄일 필요는 없습니다. 예를 들어 도넛을 욕심낼 수도 있습니다. 또 하나 사람들이 잘못 믿는 것은 5절의 '영'이 사람의 영이라는 것입니다. 그러나 이 구절은 하나님의 영에 대해 말하고 있습니다. 5절을 다른 번역본으로 보겠습니다.

> 너희는 하나님이 우리 속에 거하게 하신 성령이 시기하기까지 사모한다 하신 말씀을 헛된 줄로 생각하느냐
>
> 야고보서 4:5, 개역개정

즉 우리의 영이 세상을 욕심낸다는 말이 아니라 하나님의 영이 우리를 갈망하면서 우리가 하나님께 완전히 헌신되기를 원하신다는 뜻입니다. 출애굽기 34장 14절은 하나님을 "질투하는 하나님"이라고 했습니다. 아내를 사랑하는 남편이라면 자기 아내를 다른 남자들과 공유하지 않듯이 하나님도 우리를 독점하기 원하십니다. 하나님은 우리가 그분을 사랑하길 원하시며 하나님의 가치들을 우리가 소중히 여기길 바라십니다. 그분은 우리가 이 세상의 가치들을 받아들이지 않기를 원하십니다. 그렇기 때문에 우리가 이 세상의 것들을 사랑할 때, 우리는 간음하는 자들과 같습니다. 탐욕을 미화하면서 폭력적이고

성적인 세상 문화를 즐긴다거나 동성애를 인정하고 죄 없는 아이들을 살해하는 낙태를 모른척할 때, 우리는 영적 간음을 범하는 것입니다. 그것은 교만입니다.

다시 야고보서 4장을 봅시다.

> 그러나 더욱 큰 은혜를 주시나니 그러므로 일렀으되 하나님이 교만한 자를 물리치시고 겸손한 자에게 은혜를 주신다 하였느니라 그런즉 너희는 하나님께 복종할지어다 마귀를 대적하라 그리하면 너희를 피하리라   야고보서 4:6-7

7절은 전체 맥락과 상관없는 얘기가 아닙니다. 계속해서 겸손과 교만의 관계에 대해 말하고 있습니다. 우리가 스스로를 겸손하게 하여 하나님께 순복하면서 우리 자신의 지혜를 따르지 않고 하나님을 의지하며 그분의 인도하심을 따르면, 우리는 마귀를 대적할 힘(은혜)을 얻게 됩니다. 마귀를 대적한다는 것은 성경 구절을 인용하면서 말로만 대적하는 것 이상입니다. 교만을 대적하는 것이 마귀를 대적하는 것입니다.

'대적한다' 라는 말은 '적극적으로 대항하여 싸운다' 는 뜻입니다. 교만에 대해 소극적으로 반응해선 안 됩니다. '그게 뭐 대단한 일이라고? 다들 교만한데.' 라고 생각해선 안 된다는 것입니다. 자신을 겸손하게 하여 하나님께 순복함으로써 적극적으로 마귀를 대적하고 교만을 대적하여 싸워야 합니다. 교만은 하나님의 성품과 정반대입니다. 아모스 3장 3절은 이렇게 말합니다. "두 사람이 뜻이 같지 않은데 어찌 동행하겠으며" 우리가 스스로의 길을 선택하여 교만하게 행할 때, 우리는 하나님과 반대로 행하는 것입니다. 하나님께서 우리 개개인을 대적하신다는 말이 아니라 우리가 교만히 행할 때, 하나님은 우리와 함께하실 수 없다는 뜻입니다. 하나님께서 잘못된 길을 가실 순 없으니까요!

야고보서 4장은 계속해서 이렇게 말합니다. "하나님을 가까이 하라 그리하면 너희를 가까이 하시리라"(약 4:8) 하나님을 가까이 하는 것은 어떻게 하는 것일까요? 그것은 자신을 겸손하게 하는 것입니다(약 4:10, 킹제임스 흠정역). 시편 138편 6절은 이렇게 말합니다. "당신은 높이 계실지라도 겸손한 자를 안으시려 몸을 굽히시지만 교만으로 가득한 자들에게는 거리를 두십니다."(The Passion Translation, 역자 직역) 다른 말로, 하나님은 교만을 멀리하신다는 뜻입니다. 그것이 교만에 임한 저주의 일부입니다. 교만한 사람들은 하나님과 친밀함을 누릴 수 없습니다. 다음은 사무엘하에 기록된 다윗의 노래입니다.

자비한 자에게는 주의 자비하심을 나타내시며 완전한 자에게는 주의 완전하심을 보이시며 깨끗한 자에게는 주의 깨끗하심을 보이시며 사특한 자에게는 주의 거스리심을 보이시리이다 주께서 곤고한 백성은 구원하시고 교만한 자를 살피사 낮추시리이다
　　　　　　　　　　　　　　사무엘하 22:26-28

현재 삶이 고달프거나, 기도가 응답되지 않거나, 하나님의 축복이 나타나지 않는다면 교만이 하나님의 은혜를 막고 있는 것일 수도 있습니다. 디모데전서 3장에는 장로에 대한 조건들이 열거되어 있습니다. "새로 입교한 자도 말지니 교만하여져서 마귀를 정죄하는 그 정죄에 빠질까 함이요"(딤전 3:6) 이 구절을 읽을 때, '교만에 빠지면 사단이 우리를 정죄한다'고 해석하는 사람들이 많은데 그렇지 않습니다. 이 구절의 뜻은 우리가 교만으로 높아져서 자신의 뜻대로 하거나 하나님의 능력이 나타났을 때 그것을 자신의 선함이나 지혜 때문이라고 한다면 우리는 마귀가 받은 정죄에 합류하게 된다는 말입니다. 마귀가 하나님의 임재에서 쫓겨날 때 받았던 그 징벌에 참여하는 것입니다. 교만에는 저주가 임해있습니다. 교만은 정죄를 받은 상태입니다. 그러니 교만으로 행하던 것을 멈추고 하나님과 같은 방향으로 행하십시오. 하나님은 교만한 자들을 대적하십니다. 그것은 그들을 향한 하나님의 사적인 감정이 아니라 하나님 나라의 법칙입니다.

03
'자기중심적인 사고방식' 이라는 덫

성령으로 세례를 받은 그리스도인들이 이기적인 욕심을 채우기 위해 하나님의 말씀을 마치 마술처럼 사용하는 것을 볼 때, 저의 마음은 깨어집니다. 그들은 우리가 의롭게 됐고 형통케 됐으며 치유 받았다는 복음을 들은 자들입니다. 우리는 평안과 기쁨을 누릴 수 있다는 것을 들은 자들입니다. 또한 우리가 소원하는 것들을 주심으로써 우리를 축복하시는 것이 하나님의 기쁨이라는 소식을 들은 자들입니다. 이 모든 것이 진리가 맞지만 그러한 축복 때문에 하나님을 사랑하며 섬기는 것은 아닙니다. 우리가 하나님을 사랑하는 것은 그가 먼저 우리를 사랑하셨기 때문입니다(요일 4:19). 우리가 하나님을 섬기는 이유는 그분이 하나님이시기 때문입니다(시 100:3). 그 사람들은 하나님께서 이미 그리스도 안에서 우리의 영원한 필요를

다 채워놓으셨다는 것을 잊어버렸고 우리가 먼저 그의 나라를 구할 때 우리의 육신적 필요들이 모두 채워진다(마 6:33)는 하나님의 약속을 잊은 자들입니다. 축복은 하나님을 섬길 때 결과적으로 오는 것이지 우리의 목적이 아니라는 사실을 깨닫지 못하는 사람들입니다.

자기중심적인 사고방식이 그런 식으로 덫을 놓았고 너무나 많은 사람들이 그 덫에 걸렸습니다. 이 세상은 그들의 눈을 가려서 자기중심적인 사고방식을 독립적이고 자립적인 것이라고 찬양하는 위험에 빠뜨렸습니다. 그 결과, 오히려 겸손이 욕을 먹고 있습니다. 그러나 우리가 알아야 할 것은 자기밖에 모르는 사람의 영향력은 매우 보잘것없다는 것입니다. 이기적이고 자기중심적인 사람이 진정으로 행복하고 만족스러운 삶을 사는 것은 불가능합니다. 이기심은 마치 마약중독과 같아서 자신의 필요와 욕구에만 집중하는 사람들은 절대 만족할 수 없습니다. 새 차, 더 큰 집, 더 좋은 직업, 더 젊은 연인 등, 그들을 유혹하는 것들은 계속해서 나타날 것이니까요. 그런 사람들은 더 많은 것을 얻으려고 온갖 애를 쓰지만 일단 손에 넣고 나면 곧 식상해져서 자기를 감정적으로 고조시켜 줄 또 다른 것을 원하게 될 것입니다.

우리 대부분은 우리의 부모나 조부모 세대보다 훨씬 더 좋은 집에 살고 있습니다. 더 좋은 차를 몰고 더 좋은 것들을 소유하고 있습니다. 이렇듯 많은 것들을 가졌지만 만족하지는 못합니다. '자기self'는 부인해야 할 대상이지 만족시킬 수 있는 대상이 아니기 때문입니다. 우리는 겸손을 목표로 삼고 나 자신self보다 더 큰 무언가를 위해 사는 법을 배워야 합니다. 예수님도 이렇게 말씀하셨습니다.

> 누구든지 자기 목숨을 구원하고자 하면 잃을 것이요 누구든지 나와 복음을 위하여 자기 목숨을 잃으면 구원하리라
>
> 마가복음 8:35

마태복음 10장 39절도 비슷한 예수님의 말씀을 기록하고 있습니다. "자기 목숨을 얻는 자는 잃을 것이요 나를 위하여 자기 목숨을 잃는 자는 얻으리라" 자기에게 집중된 삶을 살면 결국엔 잃게 됩니다.

다니엘 4장은 느부갓네살 왕의 꿈을 기록하고 있습니다. 그의 꿈에 나무 하나가 온 땅을 덮었는데 그 나무는 강하고 아름다웠으며 가지는 하늘에 닿았고 그 열매로는 만민을 먹일 수 있었습니다. 그때 한 천사가 나타나 이렇게 말합니다. "그 나무를 베고 그 잎사귀를 떨어내며 그 열매는 흩어버리라. 나무를 베고 남은 그루터기는 쇠사슬로 묶어라. 그것이 하늘의 이슬을 맞고 짐승들 사이에서 칠 년을 지내게 하여라." 그 꿈이 그의

마음을 번민케 했고 이에 느부갓네살은 자신의 꿈을 해석할 지혜자들을 부릅니다.

지혜자들 중의 하나였던 다니엘은 이렇게 말합니다. "느부갓네살 왕이여, 그 나무는 바로 왕이십니다. 왕의 나라가 온 땅을 둘렀지만 이제 쇠할 것입니다. 왕께서는 칠 년간 들짐승같이 되어 소처럼 풀을 먹고 왕의 등은 하늘의 이슬로 젖을 것입니다." 다니엘은 이 일이 "지극히 높으신 이가 사람의 나라를 다스리시며 자기의 뜻대로 그것을 누구에게든지 주시는 줄을" 느부갓네살이 깨달을 때까지 계속될 것이라고 했습니다(단 4:25). 그리고 그에게 하나님 앞에서 자신을 겸손하게 할 것을 권했지만 느부갓네살은 듣지 않았습니다.

어느 날, 느부갓네살이 왕국 지붕을 거닐며 이렇게 말합니다. "이 큰 바벨론은 내가 능력과 권세로 건설하여 나의 도성으로 삼고 이것으로 내 위엄의 영광을 나타낸 것이 아니냐"(단 4:30) 이 말이 아직 느부갓네살의 입에 있을 때 하나님께서 그의 교만을 심판하셨고 그러자 그가 들짐승같이 되었다고 성경은 기록합니다. 그리고 그는 들짐승 사이에서 칠 년을 지냅니다. 그의 머리털은 짐승의 털처럼 되었고 그의 손톱은 새의 발톱처럼 되었으며 그는 소처럼 풀을 먹었습니다. 칠 년째가 되자 제정신으로 돌아온 그는 이렇게 말합니다.

> 그 기한이 차매 나 느부갓네살이 하늘을 우러러 보았더니 내 총명이 다시 내게로 돌아온지라 이에 내가 지극히 높으신 이에게 감사하며 영생하시는 이를 찬양하고 경배하였나니 그 권세는 영원한 권세요 그 나라는 대대에 이르리로다… 그러므로 지금 나 느부갓네살은 하늘의 왕을 찬양하며 칭송하며 경배하노니 그의 일이 다 진실하고 그의 행하심이 의로우시므로 교만하게 행하는 자를 그가 능히 낮추심이라
>
> 다니엘 4:34, 37

이 정도로 표현하는 것은 너무 약합니다! 느부갓네살은 당시 가장 큰 권력을 가진 자로서 세상을 정복했었고 금과 은을 축적했으며 전해 내려오는 바에 따르면 바벨론의 공중 정원도 느부갓네살이 지었다고 합니다. 또한 그는 체격도 매우 좋았습니다. 그런 그가 자신이 당했던 수치를 에둘러 약하게 표현하고 있습니다. "교만하게 행하는 자를 그가 능히 낮추심이라"

형제자매 여러분, 하나님은 우리가 자기만 생각하면서 살도록 만들지 않으셨습니다.

자기중심적인 사고방식은 모든 괴로움의 근원입니다. 자기중심적인 사고방식은 자기가 원하는 것을 반드시 필요한 것으로 생각하게 만들고 그것을 간절한 기도 제목으로 생각하게 만듭니다. 또한 인간관계를 망치고 상대의 좋은 의도를 왜곡합니다.

그런데 대부분의 그리스도인들이 자기중심적인 사고방식을 어떻게 처리하는지 알지 못합니다. 자아self에 대해 기도도 해보고 대적도 해봅니다. 자아를 포장해 보기도 하고 굶겨 보기도 합니다. 그러나 그러한 방식으로는 자아를 없애지 못합니다.

저 역시 아침 기도 시간 때마다 자아를 죽이려고 해봤지만 결국에는 다시 부활시킬 뿐이었습니다. 나의 죄를 고백하고 나를 써 달라고 하나님께 기도하면서 오직 나 자신에게만 집중했던 그 시간들이 전부 낭비되고 있는 줄도 몰랐습니다. 그러다가 내가 집중하는 대상을 바꿔야 한다는 것을 깨닫게 되었습니다. 나 자신을 산 제물로 삼아야 한다는 것을 깨닫게 된 것입니다.

그러므로 형제들아, 내가 하나님의 모든 자비하심으로 너희에게 권고하노니, 너희 몸을 하나님께서 기뻐하시는 거룩한 산 제물로 드리라. 이것이 너희가 드릴 합당한 예배니라.

로마서 12:1, 한글킹제임스

자기를 제물로 드리는 것은 모든 그리스도인들의 합당한(reasonable 당연한, 역자 주) 예배입니다. 하지만 자기를 제물로 드리는 것은 어렵습니다. 겸손을 요구하기 때문입니다. 자기를 바라봤던 시선을 떼어 바울이 갈라디아서에서 했던 말을 기억해야 합니다.

내가 그리스도와 함께 십자가에 못 박혀 있으나 그럼에도 불구하고 사노라. 그러나 내가 아니요 그리스도께서 내 안에 사시느니라. 나는 지금 내가 육체 안에서 사는 삶을 나를 사랑하사 나를 위해 자신을 주신 하나님의 아들의 믿음으로 사노라. 갈라디아서 2:20, 킹제임스 흠정역

믿는 자로서 우리는 그리스도와 함께 십자가에 못 박혔습니다. 우리의 삶은 더 이상 우리의 것이 아니며 우리에 관한 것도 아닙니다. 그리스도를 참으로 나타내는 삶을 살고자 한다면 "하나님의 아들의 믿음"으로 사는 법을 배워야 합니다. 하나님께서 우리가 마음이 상한 자들을 고칠 수 있다고 믿으시고, 우리가 우리 가족을 용서할 수 있다고 믿으시고, 우리가 우리의 원수를 사랑할 수 있다고 믿으신다면 우리는 자신을 겸손하게 하여 하나님께서 우리에 대해 믿으시는 것을 우리도 믿어야 합니다.

처음에 이러한 것들을 막 깨닫기 시작할 무렵에는 이렇게 기도했었습니다. "하나님, 저를 겸손하게 만들어 주시옵소서." 그러나 말씀을 찾아보는 가운데 겸손은 자원하는 것이라는 사실을 깨닫게 되었습니다. 우리가 스스로를 겸손하게 하는 것입니다. 하나님께서 우리를 낮추시면 (느부갓네살에게 하셨듯이) 그것은 수치humiliation를 당하는 것입니다. 스스로를 낮춰야 겸손humility입니다.

> 주의 눈앞에서 스스로 겸손하라. 그리하면 그분께서 너희를 높이시리라.   야고보서 4:10, 킹제임스 흠정역

예수님은 겸손을 아셨습니다. 제자들에게 "너희는 나를 누구라 하느냐?"고 물으셨을 때, 베드로가 이렇게 대답합니다. "주는 그리스도시요 살아 계신 하나님의 아들이시니이다"(마 16:16) 예수님께서 베드로의 대답을 들으시고 그에게 복이 있다고 칭찬하셨지만 베드로가 그다음에 한 말에 대해서는 그의 교만을 꾸짖으셔야 했습니다. 또 그분의 다음 사역에 대해 제자들을 준비시키시면서 앞으로 당할 거절과 고난에 대해서도 말씀해 주셨는데, 죽었다 다시 살아날 것에 대해 얘기하자 베드로는 그것을 받아들이지 못했습니다. "주여 그리 마옵소서 이 일이 결코 주께 미치지 아니하리이다"(마 16:22) 베드로의 말은 이런 뜻입니다. "아니요, 주님. 그 일은 일어나지 않을 것입니다. 당신은 거절당하지도, 죽임당하지도 않을 것입니다. 우리가 그렇게 놔두지 않을 것입니다. 우리가 당신을 보호하겠습니다."

대부분의 사람들이 베드로가 한 말은 주님을 진정으로 아끼는 마음에서 나왔다고 생각하지만 예수님은 그를 꾸짖으셨습니다. "예수께서 돌이키시며 베드로에게 이르시되 사단아 내 뒤로 물러 가라 너는 나를 넘어지게 하는 자로다 네가 하나님의

일을 생각하지 아니하고 도리어 사람의 일을 생각하는도다"(마 16:23) 그러니까 베드로는 하나님의 뜻에 대해 무지했던 것입니다. 하나님의 계획보다 자기가 원하는 것을 더 높이고 있었던 것입니다. 베드로는 예수님께서 죽으셔야만 한다는 사실을 알지 못했습니다. 우리가 고난을 받지 않게 하려고 예수님께서 고난받으셔야 한다는 하나님의 뜻을 깨닫지 못했습니다. 우리를 아버지께 이끌기 위해서는 예수님께서 심판을 받으시고 버림을 받으셔야 했던 것입니다.

예수님께서 베드로를 사단이라고 불렀을 때, 베드로는 분명 감정이 상했을 것입니다. 그렇지만 예수님은 베드로의 마음에 그 교만이 뿌리내리기 전에 신속히 처리하셔야 했습니다. 예수님도 자기를 부인하셔야 했다고 말하는 것이 신성모독 아닌가 생각할 수도 있지만 히브리서에서는 예수님도 모든 일에 우리와 똑같이 시험을 받으셨으나 죄가 없으셨다고 했습니다(히 4:15). 예수님도 거절당하고 싶지 않으셨습니다. 고난받고 싶지 않으셨습니다(마 26:39). 그러나 주님은 자신이 이 땅에 죽기 위해 오신 것을 아셨기에(계 13:8) 아버지께서 세워놓으신 계획 외에 다른 길을 생각하도록 자신을 방치하실 수 없었습니다. 그렇게 하는 것은 교만이기 때문입니다. 예수님은 자신을 겸손하게 하여, 자신을 보호하고자 하는 본능을 꾸짖으셨고 그렇게 했기 때문에 하나님의 계획을 완성하실 수 있었습니다(빌 2:8).

우리의 삶을 향한 하나님의 계획과 목적을 완성하려면 우리도 자신을 겸손하게 낮추는 선택을 해야 합니다. 자기중심적인 사고방식은 일종의 덫입니다. "사람이 교만하면 낮아지게 되겠고 마음이 겸손하면 영예를 얻으리라"(잠 29:23) 교만하게 행하는 것, 즉 자기만 생각하며 사는 것은 우리를 낮아지게 할 것이며 하나님께서 우리의 삶 가운데서 하실 수 있는 일들과 우리의 삶을 통해서 하실 수 있는 일들을 가로막을 것입니다.

오래전에 가족과 함께 오하이오주에 있는 교회에 사역차 갔었는데 그 교회는 두 번째 방문이었고 저도 그곳 성도님들과의 집회를 고대하고 있었습니다. 그런데 그 교회 목사님이 비싼 렌터카로 우릴 맞으러 오셨을 때 뭔가 이상한 것을 감지할 수 있었습니다. 전과 다르게 그 목사님이 멀게 느껴졌습니다. 그리고 지난번에 묵었던 호텔과는 너무 다른 비싼 스위트룸으로 우리를 데려갔습니다. 목사님은 우리 아이들에게도 선물을 사주셨습니다. (당시 아이들이 매우 어렸기 때문에 우리와 함께 다니던 시절이었습니다.) 호텔 방 냉장고에는 여러 가지 음료수들과 생수도 가득 채워놓았습니다. 그리고 우리를 비싼 레스토랑으로 데려가서 극진히 대접했습니다. 그런데 극진해도 너무 지나치게 극진한 대접이었습니다! 집회 기간 중 하루는 목사님께서 우리 가족에게 어디서 식사하고 싶으냐고 해서 우리 아이들이 "맥도날드요!"라고 하자 목사님은 "안 돼, 너희를 거기로 데려갈 순 없어."라고 했습니다. 지난번에 함께 했을 때와는 분위기가 너무 달라서 이상했습니다.

   부흥회가 거의 끝나갈 즈음 목사님께서 솔직하게 털어놓았습니다. "목사님, 이번에 불편하게 해드려 죄송합니다. 사실 얼마 전에 다른 목사님을 초대했었는데 그분께 비난을 많이 받았었거든요. 그분은 제가 고급 차를 렌트하지 않고 그냥 제 차로 모셨다고 화를 냈고 제가 잡아드린 호텔 방이 맘에 안 든다고 그냥 나와 버려서 다시 스위트룸을 잡아야 했습니다. 그분은 매일 과일과 음료를 가져오라고 요구했고 25달러 이하의 메뉴는 먹지 않으려고 했습니다. 그분을 모신 게 너무 힘들어서 다시는 강사를 초청하지 않기로 결심까지 했었지요. 목사님은 이미 스케줄이 잡힌 상태였고요."

   목사님이 계속해서 사과를 하는 바람에 제가 중간에 말을 끊어야 했습니다. "목사님, 저희를 잘 섬겨주신 것은 너무 감사합니다. 그런데 저는 목사님 차를 타고 맥도날드에 가는 것도 좋아요. 보통 호텔 방도 괜찮고요. 목사님께 부담스러운 존재가 되고 싶지는 않습니다. 저는 목사님께 축복이 되려고 온 거에요."

   슬프게도 예수님을 잘못 대변하는 목사들이 많습니다. 일꾼이 그 삯을 받는 것은 마땅하지만(눅 10:7) 우리도 예수님처럼 하나님 아버지의 모습을 세상에 보여주어야 합니다. 예수님은 마음이 온유하고 겸손하셨습니다(마 11:29). 그분은 자신을 섬기러 오신 것이 아니라 우리를 섬기러 오셨습니다(요 13:13-17). 우리는 자신을 겸손하게 하여 주님이 우리에게 보내주시는 축복들을 받아들여야 하지만 또한 더욱 겸손하여서 자기를 높이지 않아야 합니다(약 4:10, 벧전 5:6).

형제자매 여러분, 인생이 오로지 우리에 관한 것은 아닙니다. 우리는 복이 되기 위해 복을 받았기 때문입니다(창 12:2). 이기적으로 살면서 은혜의 유익들을 전부 자신만을 위해 쌓아 놓는다면 결국 그것들을 잘못 사용하여 고약한 악취만 풍기게 됩니다. 우리는 반드시 자신을 겸손하게 하고 타인들에게 시선을 돌려야 합니다. 그럴 때 비로소 삶의 참된 의미를 발견하게 될 것입니다.

04
자기 스스로를 높이려는 욕구

　대부분의 사람들은 자신을 겸손하게 하지 않고 하나님께서 그분의 때에 높여 주실 것도 신뢰하지 않습니다(벧전 5:6). 마음으로는 인생이 돈과 성공, 그 이상이란 것을 알지만 가족과 자신의 건강 그리고 양심까지 희생해 가며 스스로를 높이는 일에 매진합니다. 그들은 하나님을 최우선 순위에 놓지 않습니다. 돈이 전능하다고 여기며 돈을 섬깁니다. 골로새서는 그런 것을 우상숭배라고 했습니다(골 3:5).

　우리 단체의 전 CEO, 폴 밀리건Paul Milligan은 대기업의 제품 개발 부서에서 일했던 사람입니다. 그런데 그의 상사가 폴이 제시한 안건을 마치 자기가 생각해 낸 것인 양 보고하곤 했습니다. 폴의 아이디어로 인해 그 회사가 더 잘됐는데도 폴은 그것에 대한 인정을 받을 수 없었습니다. 그러나 그러한 불공정함에도 불구하고 그는 자신의 태도에 영향을 받지 않고 하나님께서 상 주실 것을 신뢰하며 계속해서 주께 하듯 일했습니다. 그러다 거의 일 년 뒤, 그 상사의 행위가 발각되었고 회사는 그 가운데서도 일관적으로 겸손함을 보인 폴을 그 상사의 자리로 승진시켰습니다. 그가 자기 스스로를 높이려는 욕구를 저지했기 때문에 하나님께서 그의 겸손함을 높여주신 것입니다.

자기가 높아지기 위해 누군가의 등에 칼을 꽂을 필요는 없습니다. 남들보다 내가 더 낫게 보이려고 다른 사람들에게 진실을 왜곡할 필요도 없습니다. 출애굽기 20장 16절은 "네 이웃에 대하여 거짓 증거하지 말라"고 했습니다. 거짓 증거는 거짓말과는 다릅니다. 거짓 증거란 자기의 속셈을 관철시키기 위해 정보를 왜곡하여 전달하는 것을 말합니다. 정치인들과 세일즈맨들이 항상 하는 일입니다. 어떤 세일즈맨이 자기 회사에서 제일 좋은 제품과 경쟁 회사의 보통 제품을 비교하여 설명한다면 사람들로 하여금 자기 회사 제품에 더 많은 돈을 쓰게 할 수도 있을 것입니다. 엄밀히 말해, 그가 거짓말을 하지는 않았지만 그의 말에는 거짓된 증거가 내포돼 있습니다.

자기를 높이는 것은 빠르게 수치를 당하는 길입니다. 잠언은 우리가 스스로를 높이며 교만으로 가득하면 반드시 낮아질 것이라고 했습니다(잠 16:18).

아주 오래전에 젊은 운동선수의 이야기를 소개하는 방송을 보게 되었습니다. 그는 타이틀도 거머쥐고 광고도 여러 개 찍은 사람입니다. 그의 이름을 딴 춤까지 있었습니다. 그런데 그가 굉장히 교만해져서 자신의 선수 경력 중에 가장 중요한 시합을 앞두고 주요 방송사마다 출연해서는 상대를 깎아내리면서 자기를 높였습니다. (형제자매 여러분, 이렇게 오만하고 자화자찬하는 사람은 곧 망할 일만 남았다는 것을 제가 장담합니다.) 사람들은 전부 그 선수가 이길 것이라고 했지만 그는 형편없이 무너졌고 이후 방송에 비친 그의 모습은 처량했습니다. 얼굴도 못 들고 경기장을 빠져나가면서 완전히 굴욕을 당한 것입니다.

> 교만에는 멸망이 따르고, 거만에는 파멸이 따른다. 겸손한 사람과 어울려 마음을 낮추는 것이, 거만한 사람과 어울려 전리품을 나누는 것보다 낫다.   잠언 16:18-19, 새번역

초대교회 때 사도 바울은 디모데를 에베소 교회의 지도자로 세웠습니다(딤전 1:3). 학자들에 따르면 에베소 교회는 성도가 약 10만 명으로, 당시 가장 큰 교회였을 거라고 합니다. 이 많은 사람들을 목양할 리더로 디모데를 세우면서 바울은 디모데에게 그의 어린 나이로 인해 다른 사람들이 그를 업신여기지 못하게 하라고 당부했습니다(딤전 4:12). 다른 말로 하자면, 디모데에게 그들의 존경을 얻으라고 한 것입니다. 존경은 강요할 수 있는 것이 아닙니다. 얻는 것입니다.

바울이 에베소 성도들에게 디모데를 존경하라고 하지 않은 것이 매우 흥미롭습니다. 그 교회는 바울이 개척했습니다. 그곳의 성도들은 바울이 전도한 사람들이라는 말이지요. 바울이 자신의 권위를 사용했다면 디모데의 사역을 수월하게 만들어 줄 수도 있었겠지만 그는 그렇게 하지 않았습니다. 디모데에게 목사의 직위를 사용하여 존경을 요구하라고 하지도 않았습니다. 오히려 그의 성품으로 존경을 얻으라고 말해 주었습니다.

이것은 오늘날의 문화와 너무 다릅니다. 그리스도인들 사이에서도 보기 힘든 모습입니다. 우리는 나 자신과 내 가족을 잘 돌보는 것이 인생의 목적이라고 생각합니다. 그래서 자기 자신을 알리며 내 이익을 위해서라면 무슨 일이든 합니다. 원하는 것을 손에 넣고, 쌓아놓고, 움켜쥐려 합니다. 그러면서 다른 사람들이 우리를 대단하게 생각하길 요구합니다. 그런데 예수님은 어떻게 말씀하셨을까요?

> 이에 예수께서 제자들에게 이르시되 누구든지 나를 따라오려거든 자기를 부인하고 자기 십자가를 지고 나를 따를 것이니라 누구든지 제 목숨을 구원하고자 하면 잃을 것이요 누구든지 나를 위하여 제 목숨을 잃으면 찾으리라
>
> 마태복음 16:24-25

자기를 부인하라고 하면 대부분의 사람들은 반발합니다. 십자가를 지고 싶어 하지 않습니다. 십자가는 내가 죽는 곳인데 그러길 원치 않습니다. 또한 하나님과 타인을 자신의 편안함보다 앞세우는 것도 원치 않습니다. 이것에 대해 바울은 에베소서 6장에서 성령님께서 주시는 감동 아래 이렇게 말했습니다.

> 종으로 있는 이 여러분, 두려움과 떨림과 성실한 마음으로 육신의 주인에게 순종하십시오. 그리스도께 하듯이 해야 합니다. 사람을 기쁘게 하는 자들처럼 눈가림으로 하지 말고, 그리스도의 종답게 진심으로 하나님의 뜻을 실천하십시오.
>
> 에베소서 6:5-6, 새번역

이런 구절들은 현대인들을 당혹스럽게 만듭니다. 바울이 이 말을 했을 때는 노예제도가 있었다는 사실을 알게 되면 더 놀랍니다. 그러나 바울은 그러한 상황에서도 종들은 주인을 미워하고 자신의 처지를 한탄해야 한다는 식의 말은 하지 않았습니다. 오히려 종들에게 "그리스도께 하듯이" 섬기라고 했습니다. 제 말을 오해하진 마십시오. 노예제도는 끔찍한 것이며 하나님의 뜻이 아닙니다. 바울의 요점도 그것이 아니었습니다. 바울은 겸손에 대해 말하고 있었습니다.

그리스도를 섬기듯 다른 사람들을 섬기고 아무도 보지 않을 때도 올바로 행하는 것, 이것이 하나님의 뜻입니다. 그런데 대부분의 사람들이 이렇게 생각하지 않습니다. 오직 자신의 높아짐과 명성을 위해 일한다면 그런 사람들은 하나님을 기쁘시게 하지 못합니다. 상사가 보지 않을 때 게으름 피우고 습관적으로 지각하거나 시간이 되기 전에 퇴근한다면 그것은 하나님을 존중하지 않는 행동입니다. 휴식 시간은 10분인데 15분을 쉬거나 아무도 보지 않는다고 사무용품을 가져가는 것은 "그리스도께 하듯이" 하는 것이 아닙니다.

계속해서 바울은 에베소서 6장 8절에서 이렇게 말합니다. "선한 일을 하는 사람은, 종이든지 자유인이든지, 각각 그 갚음을 주님께로부터 받게 됨을 여러분은 아십시오."(새번역) 우리는 사람들의 칭찬과 인정을 위해 일하는 것이 아닙니다. 생활비나 벌려고 일하는 것도 아닙니다. 우리는 주님께 영광 돌리기 위해 일하고 다른 이들에게 복이 되려고 일하는 것입니다(엡 4:28).

회사 사장이든 아니면 그 회사에서 청소를 하든, 우리를 부르신 분은 그리스도이십니다. 우리의 목숨을 내려놓고 십자가를 지고서 그분을 따르며 다른 사람들을 섬기라고 우리를 부르셨습니다. 사람들의 인정을 위해 부르신 것이 아닙니다. 하나님께서 상급을 주시려고 우리를 부르신 것입니다.

누군가는 이렇게 말할 것입니다. "목사님의 말대로 했다가는 다들 저를 밟고 올라갈 겁니다." 그렇지 않습니다. 저도 비난을 받아봤고 저에 대한 허위 사실을 유포한 사람들도 있었습니다. 누구보다 교활한 이단이라는 참소도 받았습니다. 한번은 저를 만나 본 적도 없는 어떤 사역자가 저를 잔인하게 대적했던 적도 있었습니다. 저는 그가 저에 대해 얼마나 끔찍한 말을 하고 다니는지 알았지만 반응하지 않기로 결단했고 그러자 하나님께서 해결해 주셨습니다. 그 사람과 제가 같은 컨퍼런스에서 만난 것입니다. 저는 그 행사의 강사가 아니었는데도 특별한 대접을 받았고 그 과정 가운데 하나님께서 그 사람의 마음을 만지셨습니다. 제가 강대상에서 소개를 받고 있었는데 그 사역자가 500명 앞에서 제 발 앞에 엎드리더니 용서를 구했습니다! 제가 무슨 수로 그런 일을 가능하게 하겠습니까? 그것을 하나님의 손에 맡겼기 때문에 하나님께시 저를 방어해 주신 것입니다.

내가 나 자신을 보호하는 것보다 하나님께서 훨씬 더 우리를 잘 보호하실 수 있습니다! 그분은 겸손한 자들의 부르짖음을 잊지 않으시기 때문입니다(시 9:12). 하나님은 이렇게 말씀하셨습니다. "원수 갚는 것이 내게 있으니 내가 갚으리라고 주께서 말씀하시니라"(롬 12:19) 원수 갚는 것은 하나님의 일입니다. 하나님께서 잘못된 것들을 모두 바로잡아 주실 것입니다.

교만은 원래 있어야 할 자리로 가게 될 것입니다. 하나님의 일을 한다고 하면서 자기 자신을 보호하려고 하는 것은 하나님께서 일하실 자리를 내어드리지 않는 행위입니다. 이사야 선지자는 이렇게 말했습니다.

> 그 날에 눈이 높은 자가 낮아지며 교만한 자가 굴복되고 여호와께서 홀로 높임을 받으시리라 대저 만군의 여호와의 날이 모든 교만한 자와 거만한 자와 자고한 자에게 임하리니 그들이 낮아지리라 이사야 2:11-12

다윗도 이렇게 말했습니다. "(그가) 네 의를 빛 같이 나타내시며 네 공의를 정오의 빛 같이 하시리로다"(시 37:6) 인내로 자신을 겸손하게 하여 주께서 일하실 것을 기다리십시오.

이것이 바로 하나님의 나라가 역사하는 법칙입니다. 하나님의 나라는 겸손을 높입니다. 예수님의 어머니 마리아는 이렇게 찬양했습니다. "권세 있는 자들을 그 자리에서 끌어내리시고 비천한 자들을 높이셨습니다"(눅 1:52, 바른성경) 예수님의 형제였던 야고보는 이렇게 기록했습니다. "주 앞에서 낮추라 그리하면 주께서 너희를 높이시리라"(약 4:10) 베드로도 비슷한 말을 합니다.

젊은 자들아 이와 같이 장로들에게 순종하고 다 서로 겸손으로 허리를 동이라 하나님은 교만한 자를 대적하시되 겸손한 자들에게는 은혜를 주시느니라 그러므로 하나님의 능하신 손 아래에서 겸손하라 때가 되면 너희를 높이시리라

베드로전서 5:5-6

예수님께서 이렇게 말씀하셨습니다. "너희 중에 큰 자는 너희를 섬기는 자가 되어야 하리라 누구든지 자기를 높이는 자는 낮아지고 누구든지 자기를 낮추는 자는 높아지리라"(마 23:11-12) 높아지길 바란다면, 하나님께 쓰임 받기를 원한다면 자신을 겸손하게 하는 법을 배워야 합니다.

제가 이러한 일에 완벽한 본보기는 아닙니다. 그러나 진심으로 말씀드릴 수 있는 것은 저 자신을 높일 수 있는 기회들이 있었지만 그렇게 하지 않았다는 것입니다. 또한 사람들이 저희 사역을 후원하도록 만들 수도 있었지만 그렇게 하지 않았습니다. 그런 기회들이 사역의 성장을 약속하는 것처럼 보였지만 저는 저 자신을 겸손하게 하고 하나님을 바라보는 편을 택했습니다. 이제는 하나님께서 저를 높여주고 계십니다. 저의 힘만으로는 절대 얻을 수 없었던 인간관계와 영향력을 주고 계십니다. 엔터테인계, 정치계 그리고 경제를 뒤흔드는 사람들과 연결해 주고 계십니다. 또한 우리 사역단체와 캐리스 바이블

칼리지에 최고급 인력들을 보내주셔서 일하게 하셨습니다. 전에는 몇 년 동안 해야 했던 일이 지금은 하루 만에 가능해졌습니다! 너무 놀라운 일입니다.

05
불순종의 뿌리

불순종의 뿌리는 교만입니다. 너무 강한 표현이라 듣기 불편하겠지만 그래도 이것은 진리입니다. 어떤 것이 옳은 일이라는 사실을 알면서도 거절하는 것은 죄입니다(약 4:17). 그리고 그 죄는 교만의 직접적인 결과입니다.

모세와 아론이 바로에게 이스라엘 백성을 놓아주라고 요구했을 때는 이미 재앙이 시작된 이후였습니다. 그러나 바로는 마음을 바꾸려 하지 않았습니다. 자기의 마음을 계속해서 완고하게 하면서 하나님께 불순종했습니다. 마침내 일곱 번의 재앙이 있고 난 뒤, 모세와 아론은 바로에게 이렇게 말합니다. "히브리인의 주 하나님이 이같이 말하노라. 네가 언제까지 내 앞에서 스스로 겸손하여지기를 거부하겠느냐? 내 백성을 가게 하여 그들로 나를 섬기게 하라"(출 10:3, 한글킹제임스)

바로의 불순종은 교만한 마음에서 나온 것이었습니다. 우리의 불순종도 마찬가지입니다. 중독이나 용서치 않는 마음 등, 모든 형태의 불순종은 교만입니다. 그것은 하나님의 뜻이 나에게 가장 좋다는 것을 신뢰하지 않고 자신의 명철을 의지하는 것입니다(잠 3:5-6). 죄를 짓는 것은 멍청한 일입니다. 직설적인 저의 표현을 용서하십시오. 하지만 죄는 그 죄를 짓는 사람만 상하게 하는 것이 아닙니다. 그 사람 주변의 모든 이들을 상하게 합니다. 우리가 하는 선택은 마치 연못에 돌을 던져 물결을 일으키는 것과 같습니다. 그 안에 있는 모든 것과 모든 사람에게 영향을 미칩니다.

최근에 사모님 한 분과 통화를 했었는데 그 사모님은 남편 목사님과 함께 오랫동안 우리 사역을 후원하고 있었습니다. 그런데 그분의 아들이 마약에 취해 사모님이 보는 앞에서 자기 아버지를 살해하고 말았습니다. 이후 그는 자기가 그렇게 했다는 사실조차 기억하지 못했습니다.

그는 거듭났고 성령세례도 받은 사람이었습니다. 제정신을 차린 뒤 자기가 저지른 일에 대해 극심한 괴로움을 느꼈겠지만 그렇다고 해도 바뀌는 것은 없습니다. 그 교회는 목사님을 잃었고 그 사모님은 남편을 잃었으며 그는 현재 교도소에 있습니다. 그가 마약에 손을 댄 선택은 그의 일만은 아니었습니다. 그 행동으로 많은 사람들을 상하게 했습니다.

현실이 너무 괴로운 나머지, 잠시 죄 가운데서 현실을 잊고 싶습니까? 사랑으로 여러분께 이 말씀을 드립니다. 인생은 나만을 위한 것이 아닙니다. 우리를 사랑하는 사람들을 생각해 보십시오. 부모님과 자녀들을 생각해 보십시오. 바로의 선택이 애굽 전체에 영향을 미쳤습니다. 이스라엘 사람들을 노예 삼은 것과는 아무런 상관이 없었던 애굽 백성들이 개구리 떼와 파리 떼, 종기, 그리고 우박의 재앙을 당해야 했습니다. 그들의 가축과 자녀들이 죽었고 농작물도 모두 훼손됐습니다. 바로의 교만이 그의 궁궐뿐만 아니라 애굽 전체를 마비시켜 버린 것입니다.

지금 겪고 있는 그 고통이 평생 가지는 않습니다. 모든 사람들이 힘든 시간을 겪습니다. 우리 모두가 극복할 수 없을 것만 같은 장애물에 부딪힙니다. 그러나 여전히 밝은 미래가 존재합니다. 알고 보면 여전히 좋은 일들이 있고 여전히 기쁨이 있습니다(시 27:13). 제 막내아들도 멍청한 짓을 하던 때가 있었습니다. 아내와 저는 그 아이의 인생을 위해 하나님 말씀을 붙잡고 굳게 서야 했습니다. 그럼에도 불구하고 그 아이는 너무나 잘못된 선택들을 했습니다. 결국 그러한 선택들이 그 아이의 발목을 잡자 그가 이렇게 말했습니다. "나는 나 자신에게 해를 입혔을 뿐, 다른 사람들에게 잘못한 게 없어요." 그때 정말이지 한 대 때려주고 싶었습니다! 그리고 이렇게 소리 지르고 싶었습니다. "어떻게 그리도 멍청할 수 있니? 네 엄마와 나에게 어떤 짓을 했는지 봐라. 너의 주변 사람들에게 네가 어떤 영향을 주었는지!"

바로의 선택이 애굽 전체에 영향을 미쳤듯이 느부갓네살의 선택도 바벨론 전체에 영향을 미쳤습니다. 그뿐만 아니라 그의 선택은 몇 세대에 걸쳐 영향을 미쳤습니다. 다니엘 5장에 느부갓네살의 손자, 벨사살이 왕이 된 후에 큰 잔치를 벌이는 장면이 나오는데 그는 예루살렘 성에서 탈취하여 온 금과 은그릇을 가져와서 잔치에 쓰라고 명령합니다. 그리고는 하나님과 유대인들에게 도전하듯 그 거룩한 그릇들을 사용하여 금, 은, 구리, 쇠와 나무, 돌로 만든 신상에게 건배합니다. 그때, 손이 하나 나타나서 벽에 글씨를 씁니다. "메네 메네 데겔 우바르신"(단 5:25)

그것을 본 벨사살은 심히 겁을 먹고 술객과 지혜자들을 불러 모아 그 글의 뜻이 무엇인지 해석하라고 합니다. 그런데 왕이 큰 상을 주겠다고 했는데도 불구하고 아무도 그 벽에 쓰인 글을 해석하지 못합니다. 그때 왕비가 이 일에 대해 듣고는 왕에게 걱정 말라며 이렇게 말합니다. "왕의 나라에 거룩한 신들의 영이 있는 사람이 있으니… 그가 그 해석을 알려 드리리이다"(단 5:11-12) 그리고 다니엘을 불러들입니다. 다니엘은 벽에 기록된 글을 해석하기에 앞서 왕이 약속한 상을 거절하면서 벨사살의 조부 느부갓네살의 교만에 대해 언급합니다.

왕이여 지극히 높으신 하나님이 왕의 부친 느부갓네살에게 나라와 큰 권세와 영광과 위엄을 주셨고 그에게 큰 권세를 주셨으므로 백성들과 나라들과 언어가 다른 모든 사람들이 그의 앞에서 떨며 두려워하였으며 그는 임의로 죽이며 임의로 살리며 임의로 높이며 임의로 낮추었더니 그가 마음이 높아지며 뜻이 완악하여 교만을 행하므로 그의 왕위가 폐한 바 되며 그의 영광을 빼앗기고 사람 중에서 쫓겨나서 그의 마음이 들짐승의 마음과 같았고 또 들나귀와 함께 살며 또 소처럼 풀을 먹으며 그의 몸이 하늘 이슬에 젖었으며 지극히 높으신 하나님이 사람 나라를 다스리시며 자기의 뜻대로 누구든지 그 자리에 세우시는 줄을 알기에 이르렀나이다

다니엘 5:18-21

다니엘은 벨사살에게 느부갓네살의 성공은 하나님께로부터 온 것이라고 말한 것입니다. 하나님께서 느부갓네살로 하여금 열방을 점령하게 하셨고 그에게 큰 부와 권력을 허락하셨습니다. 그런데 느부갓네살은 그 모든 것의 근원이 하나님이란 사실을 깨닫지 못했습니다. 그는 바벨론의 영광을 자기 것으로 취했고 하나님은 그의 교만을 심판하셨습니다.

성공이 자기 노력의 결과라고 생각하는 사람들은 이것을 받아들이기 힘들어합니다. 그들은 자신이 재정적으로 형통하

게 된 것도 열심히 공부하고 일해서 돈을 모았기 때문이라고 생각합니다. 이런 사람들은 하나님을 복의 근원으로 여기지 않습니다. 그러나 우리를 이렇듯 역사상 가장 부요한 시대에 살게 하신 분은 바로 하나님이십니다. 우리가 지금, 여기에 사는 이유는 하나님께서 그렇게 결정하셨기 때문입니다. 우리는 다른 나라에서 태어날 수도 있었습니다. 카스트 제도와 같이 신분이 결정된 나라에서 태어나서 교육도 제대로 받지 못하고, 원하는 직업도 갖지 못하고, 재산도 자유롭게 소유하지 못했을 수도 있습니다. 이런 것을 생각할 때 우리는 얼마나 축복받은 사람들입니까! 하나님은 우리에게 일할 수 있는 힘을 주셨습니다. 개발할 수 있는 재능을 주셨고 생각할 수 있는 두뇌를 주셨습니다. 전부 다 조금만 잘못돼도 큰일 날 수 있는 것들입니다. 호르몬 조금 휘젓고 염색체 하나만 살짝 건드려도 큰 문제를 갖게 되니 말입니다. 그렇기 때문에 우리는 하나님의 공급과 축복을 인식해야 하는데 그것도 겸손의 일부입니다.

계속해서 다니엘은 벨사살에게, 그의 조부 느부갓네살이 하나님의 축복을 인정하지 않았기에 "그가 마음이 높아지며 뜻이 완악하여 교만하게 행한 것"(단 5:20)이라고 말했습니다. 교만은 느부갓네살의 정신을 병들게 했고 판단력을 흐려놓았습니다. 교만이 그를 영적으로도 둔하게 만들었으며 오늘날에도 그와 같은 일이 반복됩니다. 그러나 벨사살은 이렇듯 자신의 조부 세대에 역사적으로 증명된 경고에도 귀를 기울이지 않았습니다. 그러자 다니엘이 말합니다. "벨사살 왕이시여, 왕께서는 이 모든 일을 알면서도 마음을 낮추지 않으셨습니다"(단 5:22, 쉬운성경)

참 놀라운 일입니다. 벨사살은 교만이 잘못된 것이라는 사실을 마음 깊이 알고 있었습니다. 하나님께서 그의 조부의 교만을 심판하셨다는 것도 알고 있었습니다. 그런데도 자신의 교만을 고집했던 것입니다. 어쩌면 하나님께서 눈치 못 채실 것이라고 여겼거나 더 이상 그런 일을 하지 않으실 거라 생각했을지도 모릅니다. 아니면 교만의 결과에 면역이 됐을지도 모릅니다. 그가 왜 그랬는지는 알 수 없지만 한 가지 확실한 것은 오늘날 많은 사람들이 그렇게 살고 있다는 것입니다. 불순종과 자기 과시 그리고 교만이 잘못된 것이라는 사실을 그들도 마음으로 알고 있습니다. 하나님이 계시다는 것과 그분은 우리의 행위에 따라 상주시는 이심을 알면서도 자기 방식을 따라 살기를 고집하는 것입니다(렘 17:10, 계 22:12). 그리고 벨사살처럼, 그들도 결국에는 그에 따른 열매를 거두게 됩니다.

다니엘은 벽에 기록된 글을 해석하면서 벨사살에게 이렇게 말합니다.

기록된 글자는 이것이니 곧 메네 메네 데겔 우바르신이라 그 글을 해석하건대 메네는 하나님이 이미 왕의 나라의 시대를 세어서 그것을 끝나게 하셨다 함이요 데겔은 왕을 저울에 달아 보니 부족함이 보였다 함이요 베레스는 왕의 나라가 나뉘어서 메대와 바사 사람에게 준 바 되었다 함이니이다

다니엘 5:25-28

바벨론은 영구히 존속될 수 있었음에도 불구하고 바로 그날 밤, 메대와 바사 사람들이 쳐들어와 전복되었습니다. 벨사살의 교만 때문에 나라를 잃은 것입니다. 그런데 소돔과 고모라도 교만 때문에 망했다는 사실을 아십니까?

네 동생 소돔의 죄악은 이러하다. 소돔과 그의 딸들은 교만하였다. 또 양식이 많아서 배부르고 한가하여 평안하게 살면서도, 가난하고 못사는 사람들의 손을 붙잡아 주지 않았다. 오히려 그들은 교만하였으며, 내 눈앞에서 역겨운 일을 하였다. 그러므로 내가 그것을 보고는, 그들을 없애 버렸다.

에스겔 16:49-50, 새번역

하나님은 불과 유황으로 소돔과 고모라의 교만과 악행을 심판하셨습니다. 하나님께서 그들의 흔적을 지워버리신 이유는

그들의 악함이 주변 지역에 암세포처럼 퍼져나가는 것을 막기 위함이었습니다. 동성애와 다른 모든 형태의 성적 타락은 죄이며 그 죄의 뿌리는 교만입니다.

  하나님은 아담과 하와를 창조하시면서 인류를 남성과 여성으로 창조하셨습니다. 그리고 주 하나님께서 하와를 아담에게 인도하셨습니다. "이러므로 남자가 부모를 떠나 그의 아내와 합하여 둘이 한 몸을 이룰지로다"(창 2:24) 아담과 하와는 부모가 없었습니다. 그렇기 때문에 이 구절이 오직 그들만을 위해 기록된 것은 아니라고 생각해도 무방합니다. 결혼에 대한 하나님의 정의는 남자가 그의 부모 집을 떠나 그 아내(여성)와 합하여 자신의 가족을 형성하는 것입니다(말 2:15). 그 남자가 그의 남자친구와 합하는 것이 아닙니다(롬 1:27). 또한 그가 그의 여자친구와 합하는 것도 아닙니다(고전 6:9-10). 또한 반려동물이나 이웃집 아내와 합하는 것도 아닙니다(레 20:15-16, 출 20:14). 한 남자가 그의 아내와 합하는 것입니다. 그렇기 때문에 지금의 문화가 뭐라고 하든, 하나님보다 높아진 의견은 교만입니다. 그리고 그 교만은 결국 죄로 귀결됩니다.

06
하나님께서 요구하시는 것

　교만은 마치 막대기처럼 양쪽 끝이 있습니다. 한쪽 끝은 분명합니다. 오만과 자만으로 표현됩니다. 이런 모습의 교만으로 행하는 사람들은 자기의 성공은 과장하고 실패는 남 탓으로 돌리면서 남들이 자신을 좋게 생각하도록 만들려고 항상 노력합니다. 이런 사람들은 다른 이들의 공로를 인정하지 못하며 다른 사람들의 성공을 기뻐하지 못합니다. 자기가 관심의 초점이 돼야만 하는 사람들입니다.

　교만이라는 막대기의 다른 한쪽 끝은 훨씬 더 교묘합니다. 그것은 소심함과 낮은 자존감으로 자신을 표현합니다. 거짓 겸손이지요. 이런 형태의 교만으로 행하는 사람들은 다른 사람이 그들을 비하하고 조롱하기 전에 자기가 먼저 합니다. 또 다른 사람들이 어떻게 생각할까 염려하면서 뒤로 숨습니다. 자신은 자격이 없다고 느끼기 때문에 믿는 것을 어려워합니다. 이 사람들도 하나님께서 치유하시고, 자유케 하시고, 형통케 하신다는 것을 알지만 자신을 위해서도 그렇게 하실지 의심합니다. 자기는 자격이 없다고 느끼는 것인데 그것 역시 교만입니다.

교만은 간단히 말해 자기중심적인 사고방식입니다. 자기를 높이든, 자기를 숨기든, 자기를 비하하든 상관없습니다. 태도와 행동이 모두 자기 자신에게 집중돼 있다면 그것이 교만입니다. 이사야는 이렇게 말했습니다.

> 주님께서 말씀하신다. "시온의 딸들이 교만하여 목을 길게 빼고 다니며, 호리는 눈짓을 하고 다니며, 꼬리를 치고 걸으며, 발목에서 잘랑잘랑 소리를 내는구나. 그러므로 주님께서 시온의 딸들 정수리에 딱지가 생기게 하시며, 주님께서 그들의 하체를 드러내실 것이다." 그 날이 오면, 주님께서는 여인들에게서, 발목 장식, 머리 망사, 반달 장식, 귀고리, 팔찌, 머리쓰개, 머리 장식, 발찌, 허리띠, 향수병, 부적, 가락지, 코걸이, 고운 옷, 겉옷, 외투, 손지갑, 손거울, 모시 옷, 머릿수건, 너울들을 다 벗기실 것이다. 이사야 3:16-23, 새번역

아마도 이 구절에 밑줄을 그은 사람은 별로 없을 것입니다. 그러나 이것은 오늘날의 문화를 그대로 묘사하고 있습니다. 마치 이 시대의 잡지와 TV 광고를 보는 것 같습니다. 옷과 태도,

장신구와 화장, 헤어스타일, 향수 등 오늘날 유행을 만들어 내고 광고하는 사람들과 비슷합니다. 여기에는 여성들만 나오지만 여성들에게만 적용되는 것은 아닙니다. 교만으로 자기를 과시하면서 겉모습에 인생을 낭비하는 모든 사람들에게 적용됩니다. 그렇다면 이러한 삶의 태도는 어떤 결과를 가져올까요? 그다음 구절을 봅시다.

> 그들에게서는 향수 내음 대신에 썩는 냄새가 나고, 고운 허리띠를 띠던 허리에는 새끼줄이 감기고, 곱게 빗어 넘기던 머리는 다 빠져서 대머리가 되고, 고운 옷을 걸치던 몸에는 상복을 걸치고, 고운 얼굴 대신에 수치의 자국만 남을 것이다.
>
> 이사야 3:24, 새번역

모두 사라집니다. 이것에 대해 베드로는 다음과 같이 말했습니다. "너희는 머리를 땋고 금으로 치장하거나 옷을 입는 외모로 단장하지 말고 오직 마음에 숨겨진 사람을 썩지 아니하는 것 곧 온유하고 고요한 영으로 단장할지니 그것은 하나님 보시기에 매우 값진 것이니라"(벧전 3:3-4, 한글킹제임스)

물론 균형이 있어야 합니다. 이 말씀들은 좋은 옷을 입고, 머리를 단장하고, 장신구를 하는 것이 잘못됐다고 하지 않았습니다. 이러한 말씀들을 극단적으로 해석하여 여성들이 머리도 못 자르게 하고 장신구와 바지를 착용하지 못하게 하는 집단도 있습니다. 태생적으로 아름다운 사람들은 오히려 그들의 붉은 뺨과 입술을 화장으로 가리도록 요구받았다고 합니다. 그런 것은 정말 이상한 것입니다. 베드로가 언급한 내용이 단지 머리를 꾸미는 것과 금을 착용하는 것을 금하는 것이었다면 옷도 입지 말아야 합니다(벧전 3:3, 한글킹제임스). 이 구절을 들이대면서 타인을 정죄하는 사람들은 이 구절이 하지 말라고 명령하고 있는 바로 그 일을 하는 것입니다. 오직 겉모습만 보는 것이지요.

  이 말씀은 따라야 할 규칙들을 나열한 것이 아닙니다. 하나님의 은혜 안에는 의복이나 자기를 꾸미는 일에 있어서 충분한 여지가 있습니다. 그러나 하나님을 찾는 것보다 더 많은 시간을 옷이나 화장, 헤어스타일에 낭비하는 것은 균형을 잃은 것입니다. 베드로는 우리의 외모가 아닌 "마음에 숨은 사람"을 "단장"해야 한다고 했습니다. 미모는 한 꺼풀의 가죽일 뿐입니다. 오래가지 않습니다. 그러나 경건하고 겸손한 태도는 나이와 상관없이 매력적입니다.

  예레미야 10장 23절은 이렇게 말합니다. "여호와여 내가 알거니와 사람의 길이 자신에게 있지 아니하니 걸음을 지도함이 걷는 자에게 있지 아니하니이다" 우리에겐 선택권이 하나 있습니다. 우리의 길을 직접 주관할 것인가 아니면 우리 인생의 보좌에서 내려와 그곳에 하나님이 계시도록 할 것인가. 겸손은 우리의 삶을 하나님께 드리며 이렇게 고백하는 것입니다. "하나님, 당신이 공급자이십니다. 저는 저의 인생을 직접 주관할 만큼 영리하지 못합니다. 저에게는 당신이 필요합니다." 겸손이란 이렇게 마음이 하나님께 순복된 상태입니다.

베드로전서 5장 7절은 주님이 우리를 돌보시니 모든 염려를 주께 맡기라고 합니다. 가족관계의 문제나 맡은 일의 업무량, 또는 개인의 의무 때문에 부담감이 있다면 염려를 주께 맡기지 않기 때문입니다. 일 처리 때문에 걱정하느라 밤에 잠을 못 잔다면 자신을 겸손하게 하지 않은 것입니다. 우리가 모든 문제를 해결할 수는 없습니다. 오직 하나님께서 나에게 하라고 하신 것만 할 수 있습니다. 그렇게 한 뒤에, 나머지는 전부 하나님의 손에 맡겨야 합니다(고전 3:7). 그리고 하나님께서 가장 적절할 때 도우신다는 것을 신뢰하십시오(시 46:1).

하나님께서 이 진리를 저에게 매우 구체적으로 알려주신 적이 있습니다. 제 막내아들이 세 살 때, 밖에 데리고 나갔다가 화장실에 가게 됐는데 문이 잘 열리지 않았습니다. 아이가 문고리를 잡고 온 힘을 다해 당겼지만 문은 꼼짝도 하지 않았습니다. 그러자 아들은 힘을 더 쓰려고 자기 발을 문에다 대고 문고리를 당겼습니다. 손으로는 문을 당기고 발로는 밀고 있었던 것입니다. 아이는 문고리를 감싸 쥔 손을 떼지 않은 채로 저에게 도움을 요청했습니다. "피터, 그 손을 놓지 않으면 아빠가 문을 열어줄 수 없어. 네 손을 다치게 할 순 없잖니." 그러자 그 즉시 주께서 제 마음에 말씀하셨습니다. "앤드류, 너의 문제들을 내려놓지 않으면 나도 도와줄 수가 없다. 내가 너의 마음을 다치게 할 순 없잖니."

저는 그 말씀을 수십 년째 생각해 오고 있는데 특별히 우드랜드 파크에 캠퍼스를 지을 때는 더욱 그랬습니다. 이 책을 쓰고 있는 시점에서 콜로라도 지역에 최고의 바이블 칼리지 캠퍼스를 짓는 데 9천만 달러를 썼습니다. 그런데 그것은 겨우 시작에 불과합니다. 제 마음속에는 수억만 달러 가치의 비전이 있으니까요! 지난 10년간 하나님께서 앤드류 워맥 미니스트리와 캐리스 바이블 칼리지를 통해 하신 일들을 생각할 때, 저의 마음은 겸손해지고 감사로 채워집니다. 그러나 만약 하나님께서 그 이전에 이 일을 하라고 명하셨다면 저는 분명 패닉에 빠졌을 것입니다. 우리 단체에 2천 달러가 없어서 잠을 못 자던 시절도 있었으니까요. 그러나 그 이후로 저는 성장했습니다. 할렐루야! 이제 제가 깨달아 아는 것은, 하나님께서 저의 마음에 주신 비전을 이루는 데 필요한 것들을 공급하는 일은 저의 책임이 아니라는 사실입니다. 저의 일은 하나님의 능력에 대하여 믿음으로 반응하는 것입니다. 하나님께서 인도하시는 일을 할 때, 공급은 그분의 책임이라는 것을 알기 때문입니다. 현재 우리 단체는 최소한의 필요를 충당하기에도 시간당 수천 달러가 요구됩니다. 그것은 정말 큰돈인데 저에게는 그런 돈이 없습니다. 그런데도 저는 이제 밤에 잠을 잘 잡니다. 내 모든 염려를 주께 맡기는 법을 배웠기 때문입니다. 이것이 겸손입니다.

하나님과의 관계는 복잡할 게 없습니다. 외워야 할 어떤 법칙이 있는 것도 아니고 종교적 행위나 희생을 통해 하나님을 향한 우리의 헌신을 증명해야 하는 것도 아닙니다. 예수님께서 이미 율법의 요구를 이루셨기 때문입니다(마 5:17). 이제 하나님께서 우리에게 요구하시는 것은 미가서에 잘 요약되어 있습니다.

> 오 사람아, 그분께서 선한 것을 네게 보이셨나니 주께서 네게 요구하시는 것은 오직 의롭게 행하고 긍휼을 사랑하며 겸손하게 네 하나님과 함께 걷는 것이 아니냐?
>
> 미가 6:8, 킹제임스 흠정역

하나님께서 우리에게 요구하시는 것은 의롭게 행하고 긍휼을 사랑하면서 겸손하게 하나님과 함께 행하는 것입니다. 그런데 이렇게 하는 사람들이 별로 없습니다. 그것을 배워본 적이 없기 때문입니다. 로마서 10장 17절은 이렇게 말합니다.

"그러므로 믿음은 들음에서 나며 들음은 그리스도의 말씀으로 말미암았느니라" 한 번도 들어본 적이 없는 것을 믿을 수는 없습니다. 겸손이 하나님의 은혜를 풀어 놓는다는 사실을 깨닫지 못하면 하나님의 은혜를 누릴 수 없습니다. 교만의 위험성과 교묘함을 모른다면 그것을 대적할 수도 없습니다. 그렇기 때문에 지금 겸손에 대한 수많은 성경적인 증거들을 여러분께 제시하고 있는 것입니다. 저는 여러분 안에 믿음을 만들어 내길 원합니다. 교만을 대적하고 진정한 겸손을 깨닫는 믿음 말입니다. 진정한 겸손은 자기를 주목하지 않습니다. 하나님께 순복하여 하나님의 뜻과 타인의 안녕을 자신보다 앞세우기 때문입니다.

07
겸손의 반응

우리 사회는 겸손을 모릅니다. 그리스도인들조차도 자기중심적이 되었고 자기를 높이며 자기를 의지합니다. 다투기 좋아하고 요구가 많으며 비판적입니다. 자아에 대해 죽지 않았기 때문입니다(마 16:24). 그래서 인정받는 것에 굶주려 있습니다. 하나님의 말씀보다는 자기의 의견과 경험을 높입니다. 예수님을 바라보기보다는(히 12:2) 대부분 자기를 바라보면서 믿기를 힘들어합니다. 자기의 염려를 주께 맡기지 않았기 때문에(벧전 5:7) 지치게 되고 그 결과 믿음을 포기합니다. 교만이 그들을 덫에 걸리게 하여 하나님 은혜의 유익을 온전히 누리지 못하게 막은 것입니다.

예수님은 이런 말씀을 하셨습니다. "독사의 자식들아 너희는 악하니 어떻게 선한 말을 할 수 있느냐 이는 마음에 가득한 것을 입으로 말함이라"(마 12:34) 마음이 교만으로 가득한 사람은 자신의 말로 그것을 보여줍니다. 왜냐면 "네 말로 의롭다 함을 받고 네 말로 정죄함을 받으리라"(마 12:37)고 하셨기 때문입니다.

사무엘 선지자가 태어나기 전에 그의 어머니는 불임이었습니다. 당시 불임여성은 저주받은 것으로 여겨졌습니다. 자녀를 낳지 못한 여성은 사회적 책임을 완수하지 못한 것이며 노년이 되면 그들을 돌봐줄 사람도 없었습니다. 그래서 사무엘의 어머니 한나는 불임으로 인한 상한 마음으로 아이를 달라고 간절히 기도했습니다. 하나님께서 태를 열어주시면 첫 번째 자녀를 드리겠다고 맹세까지 했습니다. 한번은 남편 엘가나와 실로에 예배하러 갔을 때 한나가 기도하는 모습을 제사장이 보게 됩니다. 그는 한나가 술 취했다고 생각하여 그녀를 나무랐습니다. 이에 한나가 자신의 원통함 때문이라고 설명하자 제사장이 그녀를 축복합니다(삼상 1장).

그 후 한나는 남편과 집으로 돌아갔고 시간이 지나 사무엘을 임신하게 됩니다. 그리고 자신의 맹세를 지키기 위해 주님께 사무엘을 드리러 갔을 때 이렇게 기도합니다. "내 마음이 여호와로 말미암아 즐거워하며… 여호와와 같이 거룩하신 이가 없으시니 이는 주 밖에 다른 이가 없고 우리 하나님 같은 반석도 없으심이니이다"(삼상 2:1-2) 그리고 계속해서 이렇게 말합니다.

> 심히 교만한 말을 다시 하지 말 것이며 오만한 말을 너희의 입에서 내지 말지어다 여호와는 지식의 하나님이시라 행동을 달아 보시느니라 사무엘상 2:3

하나님은 한나가 불임여성으로서 견뎌야 했던 교만한 말들과 비난을 다 들으셨고 그것에 대해 가만히 계시지 않았습니다. 한나에게 아들들과 딸들을 주셔서 억울함을 갚아주셨습니다(삼상 2:21). 또한 한나를 제일 심하게 비난했던 엘가의 또 다른 아내 브닌나를 책망하셨습니다(삼상 2:5). 형제자매 여러분, 오늘날에도 얼마나 많은 사람들이 교만하게 말하고 있습니까? 그리스도인들도 마찬가지이며 그것은 지혜롭지 못한 일입니다.

> 백성 중의 어리석은 자들아 너희는 생각하라 무지한 자들아 너희가 언제나 지혜로울까 귀를 지으신 이가 듣지 아니하시랴 눈을 만드신 이가 보지 아니하시랴 뭇 백성을 징벌하시는 이 곧 지식으로 사람을 교훈하시는 이가 징벌하지 아니하시랴 여호와께서는 사람의 생각이 허무함을 아시느니라 시편 94:8-11

또한 히브리서는 우리에게 이렇게 말하고 있습니다.

원수 갚는 것이 내게 있으니 내가 갚으리라 하시고 또 다시 주께서 그의 백성을 심판하리라 말씀하신 것을 우리가 아노니

히브리서 10:30

주님은 은혜로운 분입니다(시 145:8). 그분은 우리의 죄를 따라 우릴 대하지 않으시며(시 103:10) 회개할 시간을 주시고 교만이 의를 이루지 못한다(약 1:20)는 것을 깨달을 수 있는 시간을 주십니다. (교만은 분노, 비난 등, 모든 죄의 뿌리입니다.) 결과가 좋다고 모든 과정이 정당화될 수는 없습니다. 하나님은 우리에게 그분의 은혜를 깨닫고 자신을 겸손하게 할 시간을 주시지만(벧후 3:9) 그의 백성을 심판하실 날이 반드시 옵니다(히 10:30).

욥은 수천 년 전에 이러한 진리를 발견한 사람입니다. 그는 언약 이전에 하나님을 따랐던 사람인데 성경은 그를 "동방 사람 중에 가장 훌륭한 자"라고 했습니다(욥 1:3). 그는 부요했고 강건했으며 하나님을 경외하여 악을 멀리했습니다. 그런데 어느 날, 그는 가진 것을 모두 잃었습니다. 그의 자녀들은 죽임을 당했고 재산도 빼앗겼습니다. 그의 종들까지 목숨을 잃었습니다. 그리고 정신을 차릴 겨를도 없이 악성 종기로 고통당하게 됩니다.

그의 친구들이 욥이 당한 고난에 대해 듣고 그를 위로하겠다

고 왔습니다. 그들은 칠일 동안 바닥에 앉아 슬퍼했습니다. 아무도 입을 열지 못했습니다. 마침내 욥이 입을 열자 상처와 쓴 뿌리가 쏟아져 나왔습니다. 욥은 자신이 태어난 날을 저주하며 죽기를 바랐습니다(욥 3장). 그리고 욥의 친구들이 말하기 시작했습니다. "너는 이유 없이 분노와 쓴 뿌리를 갖고 있구나. 선한 사람들에게 나쁜 일이 일어나진 않는다. 네 죄가 이러한 재앙을 가져온 것이지."

그러자 욥이 답합니다. "내가 죄를 지었다면 내가 무엇을 잘못했는지 나에게 보이라. 이런 일이 왜 나에게 일어나는지 모르겠지만 한 가지 확실한 것은 나는 죄가 없다는 것이다."

욥기의 대부분은 욥과 그의 친구들이 이렇게 주고받은 대화로 채워져 있습니다. 그런데 친구들의 조언은 그를 더 괴롭게 할 뿐, 욥에게 전혀 도움이 되지 않았습니다. 오히려 친구들과의 대화로 인해 욥은 하나님을 의심하게 됩니다. 욥의 처음 태도는 '왜 나에게 이런 일이 일어났는지 모르겠다.'였는데 이후에는 '이것은 불공평해. 하나님은 의롭지 않으시네. 그분을 섬기는 것은 의미가 없어.'로 조금씩, 그리고 서서히 바뀌게 됩니다(욥 34:9). 그리고 욥이 자신의 눈에 스스로를 의롭게 여기는 모습을 보고 그의 친구들도 결국 대답을 그치게 됩니다(욥 32:1, 킹제임스 흠정역).

모두가 조용해지자 하나님께서 말씀하십니다. 하나님은 욥에게 자신을 설명하지 않으셨습니다. 욥의 질문에도 답하지 않으셨습니다. 욥의 어리석음을 언급하실 뿐이었습니다. 욥기 38장부터 41장까지 4장에 걸쳐 주님은 자신이 누구신지 그리고 욥은 누구인지를 상기시켜 주셨습니다. 그런 뒤에 하나님은 냉소적인 질문을 하셨습니다. "내가 땅의 기초를 놓을 때에 네가 어디 있었느냐? 말의 힘을 네가 주었느냐? 바다가 그 모태에서 터져 나올 때에 문으로 그것을 가둔 자가 누구냐? 네가 별자리들을 각각 제 때에 이끌어 낼 수 있느냐? 어느 것이 광명이 있는 곳으로 가는 길이냐? 네가 눈 곳간에 들어갔었느냐? 독수리가 네 명령을 따름이냐? 네가 낚시로 리워야단을 끌어낼 수 있겠느냐? 네가 사람에게 지혜와 명철을 주는 자이냐?"

> 암, 알고말고. 너는 알 것이다. 내가 이 세상을 만들 때부터 지금까지 네가 살아왔고, 내가 세상 만드는 것을 네가 보았다면, 네가 오죽이나 잘 알겠느냐! 욥기 38:21, 새번역

하나님께서 계속해서 말씀하셨습니다. "너의 의가 내 의보다 낫다면, 내가 하는 일을 하여라."

이제 네 자신을 위엄과 존귀로 꾸미고 영광과 아름다움으로 단장할지니라. 너의 격한 분노를 내버리고 교만한 자를 모두

눈여겨보며 그를 낮추되 교만한 모든 자를 살펴보고 그를 낮게 만들며 사악한 자들을 그들의 처소에서 짓밟을지니라.

욥기 40:10-12

하나님은 교만한 자를 낮추시고 겸손한 자를 높이십니다 (벧전 5:6). 욥이 하나님께 대답하는 것을 보십시오.

주께서는 무소불능하시오며 무슨 경영이든지 못 이루실 것이 없는 줄 아오니 무지한 말로 이치를 가리우는 자가 누구니이까 내가 스스로 깨달을 수 없는 일을 말하였고 스스로 알 수 없고 헤아리기 어려운 일을 말하였나이다… 내가 주께 대하여 귀로 듣기만 하였삽더니 이제는 눈으로 주를 뵈옵나이다 그러므로 내가 스스로 한하고 티끌과 재 가운데서 회개하나이다

욥기 42:2-3, 5-6

욥은 자신을 겸손하게 했습니다. 그는 회개했고 하나님은 사단이 그에게서 앗아간 모든 것을 회복시켜 주셨습니다. 이처럼 하나님께서 우리를 다루실 때, 우리의 올바른 반응은 회개와 겸손입니다. 실제로 성경에 하나님의 영광을 본 사람들은 모두 결과적으로 겸손해졌습니다. 이사야가 주님을 뵈었을 때도 그는 회개했습니다. "화로다 나여 망하게 되었도다 나는 입술이

부정한 사람이요 입술이 부정한 백성 중에 거하면서 만군의 여호와이신 왕을 뵈었음이로다"(사 6:5) 하나님께서 아브람에게 말씀하셨을 때, 그는 엎드렸습니다(창 17:3). 하나님께서 불타는 떨기나무 가운데서 모세에게 말씀하셨을 때, 그는 하나님 뵈옵기를 두려워하여 얼굴을 가렸습니다(출 3:5-6). 주의 사자가 여호수아에게 나타났을 때에도 그는 경외심에 땅에 엎드렸습니다(수 5:14).

진정한 겸손 없이 하나님과의 친밀함은 불가능합니다.

> 당신은 높이 계실지라도 겸손한 자를 안으시려 몸을 굽히시지만 교만으로 가득한 자들에게는 거리를 두십니다.
>
> 시편 138:6, The Passion Translation 역자 직역

하나님의 영광과 그분의 은혜를 조금이나마 맛보게 된다면 우리는 스스로를 겸손하게 할 것입니다. 모든 오만과 교만을 버리게 될 것입니다.

이런 얘기 하는 사람들이 많습니다. "천국에 가면 하나님께 왜 그 일을 허락하셨는지, 왜 그때 개입하지 않으셨는지 꼭 물어볼 겁니다." 그러나 천국에는 고난의 배후에 어떤 이유가 있었는지, 하나님께 질문하려는 사람은 하나도 없을 것입니다. 마침내 있는 그대로의 하나님을 뵙게 되면 겸손하게 얼굴을 땅

에 대고 엎드려 이렇게 말할 것입니다. "그런 어리석은 질문을 하지 않아서 얼마나 다행인가!"

저는 하나님을 눈으로 뵌 적은 없지만 1968년 3월 23일, 저의 삶을 완전히 바꿔놓았던 주님과의 만남이 있었습니다. 평소처럼 소그룹 기도모임 시간이었는데 눈에 보이는 것은 아무것도 없었지만 그곳에 하나님께서 계신다는 것을 알았습니다. 저는 즉시 하나님의 사랑을 느꼈습니다. 그분의 거룩함을 경험했습니다. 마침내 하나님이 어떤 분이신지 알게 되었고 그 결과 얼굴을 땅에 대고 회개했습니다. 저는 이미 구원받고 천국 갈 것을 믿었지만 그 겸손의 순간이 제 인생의 방향을 바꿔놓았습니다. 그것은 하나님과 참된 관계를 경험할 수 있도록 저에게 문을 열어준 사건이었습니다.

08
겸손의 얼굴

대부분의 사람들은 겸손을 유약하고 소심한 것이라고 생각합니다. 예수님은 자신을 묘사할 때 "마음이 온유하고 겸손하다"(마 11:29)고 하셨지만 유약하거나 소심하지 않으셨습니다. 오히려 거침없으셨지요! 예수님은 당시의 종교 지도자들을 두려워하지 않으셨습니다. 그들을 독사의 자식, 회칠한 무덤이라고 부르셨고(마 12:34, 23:27) 이스라엘의 허수아비 왕, 헤롯을 '여우'라고 부르기도 하셨습니다(눅 13:32). 또 공생애 기간 동안 두 번이나 의로운 분노로 성전에서 사람들을 내쫓으시고 환전하는 자들의 상을 엎으셨습니다(마 21:12, 요 2:15).

아론이 만든 황금 송아지를 모세가 불에 태웠을 때, 그는 겸손으로 행한 것입니다. 모세는 그 재를 가루로 만들어 물에 뿌린 뒤, 이스라엘 사람들로 하여금 마시게 했습니다(출

32:19-20). 민수기에는 모세가 지면의 모든 사람보다 온유하다고 기록되어 있는데(민 12:3) 그 민수기를 누가 썼는지 아십니까? 바로 모세입니다! 성령의 감동으로 자기 자신을 이 땅에서 가장 온유한 자, 가장 겸손한 자라고 한 것입니다.

대부분의 사람들은 진짜 겸손한 사람이라면 자신을 겸손하다고 생각하지 않거나 모세가 그랬듯이 자기를 겸손한 사람이라고 말하진 않을 것이라고 생각합니다. 이것이 바로 우리가 겸손을 다시 정의해야 한다는 뜻이기도 합니다.

종교는 참된 겸손에 대한 우리의 시각을 왜곡해 놓았습니다. 소심한 태도로 자기를 비하하는 낮은 자존감과 연약함이 겸손인 것처럼 가르쳐 왔습니다. 종교적인 겸손은 이렇게 말합니다. "저는 아무것도 아니에요. 저는 할 수 있는 게 아무것도 없습니다." 만약 수십 년간 종교가 묘사해 온 것이 진짜 겸손이라면 참으로 겸손한 사람은 자기가 겸손하다는 사실조차 알 수가 없을 것입니다. 제가 전에 들은 얘기인데, 어떤 교회에서 가장 겸손한 사람에게 상을 줬다고 합니다. 다 같이 모인 자리에서 "겸손"이라고 적힌 커다란 이름표를 그 사람에게 달아준 것입니다. 그런데 그 사람이 그것을 거절하지 않고 칭찬을 마다하지 않았다는 이유로 그 이름표를 다시 회수했다고 합니다. 그러면서 말하길, 그가 정말로 겸손한 사람이라면 겸손하단 칭찬을 받아들이지 말았어야 했다는 것입니다.

제가 어려서 다녔던 교회의 한 여성은 독창할 때마다 이렇게 말했습니다. "주께서 '즐거운 소리를 발할지어다(시 66:1)'라고 하셔서 그렇게 합니다만 여러분 모두 저를 위해 기도해 주세요. 제 목소리가 그다지 좋지는 않지만 즐거운 소리를 발해 보겠습니다." 그러고는 예배당을 뒤흔들어 버리는 전문 성악가의 목청으로 노래하곤 했습니다. 그것은 겸손이 아닙니다. 칭찬받기 위한 낚시질이며 종교적 위선일 뿐입니다! 예배 후에 제가 이렇게 말했다면 어땠을까요? "자매님 말씀이 맞습니다. 정말 노래 못하시네요!"

겸손은 자신을 높이지 않습니다. 그렇다고 자기를 비하하지도 않습니다. 진정한 겸손은 자신에 대한 의견이 없습니다. 오직 하나님을 영화롭게 할 것만 추구하기 때문입니다. 하나님께 훌륭한 목소리를 받았거나 또는 사업적 재능을 받았다면 진정으로 겸손한 사람은 그러한 재능과 은사를 존중합니다. 겸손은 하나님께서 주신 것을 부인하지 않습니다. 또한 하나님께서 그분이 주신 것들을 통해 하신 일도 부인하지 않을 것입니다. 바울은 그것을 이렇게 표현했습니다.

> 누가 너를 구별하였느뇨 네게 있는 것 중에 받지 아니한 것이 무엇이뇨 네가 받았은즉 어찌하여 받지 아니한 것 같이 자랑하느뇨   고린도전서 4:7

우리가 가진 모든 것들은 하나님께로부터 왔고 겸손은 그것을 인정합니다. 그리고 하나님은 그렇게 겸손한 사람들을 높이시며(약 4:10, 벧전 5:6) 진정으로 겸손한 자들은 하나님께서 높이실 때 그것을 받아들입니다. 반면, 교만은 그렇지 않습니다. 교만한 사람들은 다른 사람들이 어떻게 생각할지 지나치게 신경 쓰기 때문입니다. 그들은 타인에게 존중을 받을 때도 스스로를 비하하면서 그 상황을 빠져나가려 합니다. 그것은 겸손이 아닙니다. 모세가 자신이 지면에서 가장 온유한 사람이라고 했을 때, 그것은 정확한 평가였습니다. 하나님께서 그러한 영감을 주셨는데 하나님과 동의하지 않는다면 그것이 교만입니다. "하나님, 그렇게 기록할 순 없어요! 사람들이 어떻게 생각하겠습니까?" 이렇게 했다면 그것은 교만입니다.

형제자매 여러분, 제가 이것을 나누는 이유는 저 자신도 찔림을 받았었기 때문입니다. 저는 태생적으로 내성적인 사람입니다. 청년 시절에는 사람들 얼굴을 똑바로 쳐다보지도 못했습니다. 가까운 친구나 가족들은 괜찮았지만 낯선 사람과 마주칠 때는 얼어붙곤 했습니다. 한번은 어떤 남성이 길에서 저에게 인사를 했는데 마침내 제가 정신을 차리고 그 인사에 반응했을 땐 저는 이미 제 차에 앉았을 때였고 그분은 이미 두 블록 정도 멀어진 후였습니다. 저는 너무도 소심했고 자기중심적이었습니다. 사람들의 이름도 잘 외우지 못했는데 새로운 사람들을 소개받을 때마다 내가 어떻게 보일지, 어떻게 하면 제대로 대답할지를 생각하느라 그들의 이름을 제대로 듣지 않았기 때문입니다! 감사하게도 제가 사역을 막 시작했을 때 어떤 분이 이렇게 말해 주었습니다. "당신이 나누는 내용은 정말 좋습니다. 자기 자신에게 신경 쓰는 것과 다른 사람들이 당신을 어떻게 생각할지에 대한 염려를 내려놓고 당신이 사역으로 섬기는 대상을 더 생각한다면 당신은 분명 큰 축복이 될 것입니다." 그의 말은 마치 칼처럼 저의 심장에 꽂혔지만 그것은 사실이었습니다. 저의 소심함은 성격 때문이 아니었습니다. 자기중심적인 사고와 교만이었습니다. 뭔가 말을 잘못해서 어리석어 보일까 봐 걱정했던 것입니다.

이런 사람들이 많습니다. 하나님께서 그들을 수렁에서 구해 주신 놀라운 간증을 가지고 있지만 두려운 마음에 나누지 않습니다. 제대로 잘하지 못할까 봐 걱정하는 것이지요. 그것은 교만입니다. 지금은 하나님의 은혜로 수백 명의 학생들에게 매주 말씀을 전하고 있고 집회 때는 수천 명의 사람에게 말씀을 전하고 있으며 TV를 통해서는 더 많은 사람들에게 말씀을 전하고 있습니다. 그렇지만 여전히 달변가는 아닙니다. 사실, 제가 하나님이었다면 저를 택하지는 않았을 것입니다. 저처럼 목소리가 이상한 사람 말고 말을 더 잘하는 사람을 택했을 것입니다. 그렇지만 하나님은 저를 택하셨고(고전 1:27) 제가 겸손하기로 선택했기 때문에 수백만의 사람들을 섬기는 일에 주님은 저를 쓰고 계십니다.

> 내게 주신 은혜로 말미암아 너희 중 각 사람에게 말하노니 마땅히 생각할 그 이상의 생각을 품지 말고 오직 하나님께서 각 사람에게 나눠주신 믿음의 분량대로 지혜롭게 생각하라
>
> 로마서 12:3

우리는 자신을 너무 높게 생각해서도 안 되고 너무 낮게 생각해서도 안 됩니다. 냉정하게 생각해야 합니다. 바울은 이렇게 말했습니다. "무슨 일을 하든지, 경쟁심이나 허영으로 하지 말고, 겸손한 마음으로 하고, 자기보다 서로 남을 낫게 여기십시오."(빌 2:3, 새번역) NIV에서는 "겸손함으로 다른 이들을 자기보다 가치 있게 여기라"고 했습니다.

이 말은 남들이 항상 나보다 낫다는 뜻은 아닙니다. 다만 각 사람에게 적절한 가치를 부여하라는 말입니다. 이 땅의 모든 사람들이 하나님의 형상으로 창조되었고 하나님께서 특별한 목적을 가지고 각 사람을 지으셨습니다. 우리가 서로 다르기 때문에 덜 중요한 사람이 되는 것이 아니라 오히려 더 가치 있는 사람이 됩니다. 이 지구상에 나와 똑같은 사람은 존재하지 않으며 하나님께서 나에게 주신 능력과 재능을 인정하는 것은

전혀 문제 될 것이 없습니다. 또한 하나님께서 내 삶을 통해 이루신 일을 인정하는 것도 전혀 문제 될 것이 없습니다. 다만 하나님께서 다른 사람들을 통해서 하시는 일에도 영광을 돌리고 있어야 합니다.

누가복음 18장에 나오는 바리새인과 세리의 이야기를 보면, 교만한 사람이 하나님과 타인을 존중하는 것이 얼마나 힘든지 잘 보여주고 있습니다. 바리새인들은 유대인들로 구성된 공회의 멤버였습니다. 그들은 유대 법에 정통했으며 입는 옷과 먹는 음식, 그리고 기도하는 방법을 통해 자신들의 신앙심을 보였습니다. 반면 세리는 유대인이었지만 로마 정부를 위해 세금 거두는 일을 했습니다. 그래서 그들은 배신자로 여겨졌으며 동족 유대인들에게 더 많은 세금을 부과함으로써 돈을 가로채기도 했습니다. 여기, 예수님께서 들려주시는 이야기 속에 한 세리와 바리새인이 기도하러 성전에 갑니다.

> 바리새인은 서서 자기 홀로 이렇게 기도하여 이르되, 하나님이여, 내가 다른 사람들 곧 착취하고 불의하고 간음하는 자들과 같지 아니하고 더욱이 이 세리와도 같지 아니함을 감사하나이다. 나는 일주일에 두 번 금식하고 내 모든 소유의 십일조를 드리나이다, 하고
>
> 누가복음 18:11-12, 킹제임스 흠정역

예수님은 제자들에게 외식하는 자들처럼 사람들에게 보이기 위해 회당과 거리 어귀에서 기도하지 말라고 하셨습니다(마 6:5). 그런데 누가복음 18장에 바리새인들이 어떻게 묘사되었는지 보십시오. 그들은 "자기 홀로" 기도했습니다. 하나님과 교제한 것이 아닙니다. 남에게 보이기 위해 기도한 것입니다. 교만으로 기도한 것입니다. 그들의 기도는 대부분 자기를 정당화하기 위한 것이었고 하나님께서 들으시기를 바라며 자신의 선한 행위를 높이는 것이었습니다. 오늘날에도 많은 사람들이 이런 식으로 기도합니다. 그러한 기도는 하나님께 닿지도 않고 아무것도 변화시키지 못합니다. 그것은 사람들에게 잘 보이기 위한 종교적인 허세일 뿐입니다.

선행과 성경 읽기, 십일조, 주일성수 등 이러한 "행함"을 수단으로 해서 하나님께 응답을 받으려 하거나 하나님으로 하여금 우리를 위해 일하시게 만들려는 것은 교만입니다. 하나님은 우리에게 그 어떤 것도 해 주셔야 할 의무가 없습니다. 우리가 어떤 누군가보다는 더 거룩할 수 있겠지만 죄인들 중에서 제일 괜찮은 사람일지라도 거듭나지 않으면 지옥에 가기는 마찬가지입니다(롬 3:23, 6:23). 그럼에도 불구하고 사람들은 이런 질문을 합니다. "나는 교회도 다니고, 기도도 하고, 십일조도 하는데 하나님은 왜 나를 치유하지 않으시나요?" 답은 그 질문 안에 있습니다. 우리는 나 자신의 거룩함과 선함에 근거해서 하나님께 나아갈 수 없습니다. 그 누구도 그분의 영광에 이르지 못합니다(롬 3:23). 치유와 그 외 하나님의 모든 축복들은 우리가 얻어낼 수 있는 것이 아닙니다. 우리 역시 하나님께 나아갈 때, 이 세리처럼 나아가야 합니다.

> 세리는 멀리 서서 감히 눈을 들어 하늘을 쳐다보지도 못하고 다만 가슴을 치며 이르되 하나님이여 불쌍히 여기소서 나는 죄인이로소이다 하였느니라   누가복음 18:13

세리는 교만하지 않았습니다. 하나님 앞에서 자신을 정당화하려고 하지 않았습니다. 자기가 했던 선행에 대해서도 언급하지 않았습니다. 다만 눈을 들지도 못할 정도로 자신을 겸손하게 낮추었는데 예수님은 이 겸손한 세리가 의롭다하심을 받고 집으로 돌아갔다고 하셨습니다(눅 18:14).

  우리가 자신을 겸손하게 하여 하나님의 은혜와 긍휼을 의지하면서 주님 앞에 설 때, 그분은 우리의 기도를 들으십니다. 요한일서에서도 이렇게 말했습니다. "그를 향하여 우리가 가진 바 담대함이 이것이니 그의 뜻대로 무엇을 구하면 들으심이라 우리가 무엇이든지 구하는 바를 들으시는 줄을 안즉 우리가 그에게 구한 그것을 얻은 줄을 또한 아느니라"(요일 5:14-15)

09
겸손의 결과

히스기야는 이사야 선지자 때 유다를 다스렸던 왕입니다. 그는 여호와께서 보시기에 정직하게 행했습니다(대하 29:2). 그런데 어떤 시점에서 그는 교만해지고 말았습니다(대하 32:25). 주께서 그를 기적적으로 치유하셨다는 소식을 들은 바벨론 사람들이 그를 직접 보러 왔을 때, 히스기야는 하나님께서 그를 치유하시기 위해 하신 일과 그의 나라를 형통케 하신 것에 대해 하나님께 영광 돌리지 않았습니다. 그 대신 자신의 창고에 있는 것들을 전부 그들에게 보여주며 자랑했습니다(왕하 20:12-13). 그러자 이사야는 그의 잘못을 지적하며 이렇게 말했습니다. "주께서 말씀하시기를, 보라, 날들이 이르리니 네 집에 있는 모든 것과 네 조상들이 이 날까지 쌓아 두었던 것이 바벨론으로 옮겨지고 하나도 남지 아니하리라."(왕하 20:17, 킹제임스 흠정역, 사 39:5-6 참고) 그러자 히스기야는 자신을 겸손하게 했습니다.

> 히스기야가 마음의 교만함을 뉘우치고 예루살렘 주민들도 그와 같이 하였으므로 여호와의 진노가 히스기야의 생전에는 그들에게 내리지 아니하니라   역대하 32:26

그가 자신을 겸손하게 했기 때문에 하나님은 히스기야와 그의 나라를 위해 평강을 연장해 주셨습니다. 이 기간에 히스기야는 므낫세라는 아들을 갖게 됩니다. 므낫세는 겨우 열두 살 때 왕위에 올랐습니다. 그리고 성경은 그가 여호와 보시기에 악을 행하였다고 말합니다(대하 33:2). 그는 그의 아버지가 헐어버린 이방 산당을 다시 세웠고 바알을 위하여 제단을 쌓으며 거기서 자신의 자녀들을 제물로 바쳤고 성전에 우상들을 세워 일월성신을 경배하며 사술을 행했습니다(왕하 21:2-6). 그는 유다 백성들로 하여금 여호와께서 이스라엘 자손 앞에서 멸하신 여러 이방 민족들보다 더한 악을 행하도록 이끌었습니다(왕하 21:9). 주께서 므낫세에게 그의 교만이 가져올 결과에 대해 경고하셨지만 그는 듣지 않았습니다. 그 결과 유다는 앗수르의 침공을 받았고 므낫세는 포로로 끌려갑니다. 거기서 포로가 되자 비로소 그는 하나님께로 돌이킵니다.

> 그가 환난을 당하여 그의 하나님 여호와께 간구하고 그의 조상들의 하나님 앞에 크게 겸손하여 기도하였으므로 하나님

이 그의 기도를 받으시며 그의 간구를 들으시사 그가 예루살렘에 돌아와서 다시 왕위에 앉게 하시매 므낫세가 그제서야 여호와께서 하나님이신 줄을 알았더라   역대하 33:12-13

므낫세는 자신을 겸손하게 했고 회개했습니다. 그러자 하나님께서 그를 예루살렘으로 돌아오게 하시고 왕위에 복귀시켜 주십니다. 므낫세는 총 55년간 유다를 다스렸는데 이스라엘의 역사상 가장 오랜 기간 통치한 왕이 되었습니다. 자신을 겸손하게 한 뒤, 우상들을 제하고 거짓 신들을 위해 자신이 세웠던 제단들을 헐었습니다. 그리고 여호와 하나님을 위한 제단을 다시 세웠습니다. 성경은 이렇게 기록합니다. "므낫세의 남은 사적과 그가 하나님께 한 기도와… 그의 모든 죄와 허물과 겸손하기 전에 산당을 세운 곳과 아세라 목상과 우상을 세운 곳들이 다 호새의 사기에 기록되니라"(대하 33:18-19)

비록 므낫세가 자신의 인생 대부분을 하나님 목전에서 악을 행하며 살았지만 그가 스스로를 겸손하게 했을 때, 하나님은 그를 존중해 주셨고 그의 말년은 평안했습니다.

이후 므낫세의 아들 아몬이 아버지의 뒤를 이어 왕이 되었는데 아몬은 그의 아버지가 이전에 행했던 악행을 따랐습니다. 그런데 그는 자신을 겸손하게 하지 않았으며 결국은 살해를 당합니다(대하 33:22-24).

아몬의 아들 요시야는 여덟 살에 왕위를 이어받습니다(대하 34:1). 요시야가 열여섯이 되던 해, 그는 하나님을 찾기 시작했고 4년 뒤 유다에서 우상숭배를 척결하고 성전 재건을 명합니다.

성전을 재건하는 동안 한 제사장이 모세의 율법책을 발견하였고 서기관이 그 책을 요시야 왕에게 읽어줍니다. 하나님의 기준을 듣게 된 요시야는 (아마 평생 처음 들었을 것입니다.) 유다가 얼마나 죄를 지었는지 깨닫고서 자신을 겸손하게 합니다. 그리고 하나님은 그의 마음을 보십니다. 그가 하나님께 그와 그의 백성이 어떻게 해야 할지 묻자 여선지자 훌다가 그에 대해서는 좋은 예언을, 유다에 대해서는 심판을 예언합니다.

"이스라엘의 주 하나님이 이같이 말하노라. 너희는 너희를 내게 보낸 사람들에게 말하라. 주가 이같이 말하노라. 보라, 내가 이곳과 그 거민들에게 재앙을 내리리니, 즉 그들이 유다 왕 앞에서 읽은 그 책에 기록된 모든 저주라. 이는 그들이 나를 버렸고, 다른 신들에게 분향하여 그들의 손의 모든 행위로 나를 격노케 하였음이라. 그러므로 내 분노가 이 곳에 쏟아지리니 꺼지지 아니하리라. 너희를 보내어 주께 묻게 한 **유다 왕에게는 이렇게 말하라.** 네가 들은 말씀에 관하여 이스라엘의 주 하나님이 이같이 말하노라. 네가 이 장소와 그 거민에 대한 그의 말씀을 듣고 **내 앞에서 겸손하여져서 네 옷을 찢고 내 앞에서 울어** 네 마음이 부드러워지고 네가 **하나님 앞에서 겸손히 행하였으므로**, 나도 네 말을 들었노라. 주가 말하노라. 보라, 내가 너를 네 조상들에게로 거두어 들이리니 **네가 네 무덤으로 평안히 들여질 것이요, 네 눈이 내가 이 곳과 그 거민들에게 내릴 모든 재앙을 보지 못하리라.**" 하시더라. 그리하여 그들이 왕에게 그 말씀을 다시 가져왔더라.

역대하 34:23-28, 한글킹제임스

하나님께서 요시야에게 하신 말씀을 보십시오. "네가 네 자신을 겸손하게 했으므로 내가 너에게 평안을 주리라. 너의 눈은 이 백성의 교만에 내려지는 심판을 보지 않으리라." 요시야의 겸손은 하나님의 심판을 미루어 백성들을 구했을 뿐 아니라 큰 부흥을 가져오기도 했습니다. 오늘날 많은 사람들이 부흥을 위해 기도하지만 자신을 겸손하게 하지는 않습니다 (대하 7:14). 여전히 자기 마음대로 하면서 자신을 의지하고 자신을 높입니다. 그것은 교만이며 그 교만이 하나님께서 그들의 삶 가운데 하실 일들을 가로막고 있습니다.

저에게 캐리스 바이블 칼리지에 대해 질문하는 사람들이 많습니다. 저희 학교를 다니고 싶다고 하면서도 재정문제를 걱정하고 가족들이 어떻게 생각할까 그리고 이곳 콜로라도로 이주해 왔을 때 일거리가 있을지, 어디서 살아야 할지 등, 걱정이 많습니다. 실제로 어떤 부부가 말하길 지금이라도 당장 오고 싶지만 개가 두 마리 있어서 못 오겠다고 하기에 "콜로라도에서도 개 키워요."라고 말해 주었습니다.

또 어떤 남성은 이렇게 말했습니다. "저도 여기 오고 싶지만 저는 지금 다리 밑에서 살아요."

그래서 이렇게 말해 주었습니다. "콜로라도에도 다리 많아요."

웃기는 얘기들이지만 어떤 것으로도 불순종을 변명할 수는 없습니다. 하나님께서 하라고 하신 것은 하십시오. 그것이 겸손입니다. 하나님과 논쟁하고 있습니까? 하나님의 인도하심에 순복하는데 일주일, 한 달, 일 년이 걸립니까? 그것은 교만입니다. 하나님보다 자기가 더 잘 안다고 생각하는 것입니다. 하나님의 의견보다 자신의 의견을 더 높이고 있는 것입니다. 겸손은 순복합니다. 겸손은, 하나님은 한분이시며 자신은 그 하나님이 아님을 인정합니다.

1968년 3월 23일, 주께서 저의 삶을 만지셨을 때 저는 제 삶의 보좌에서 내려왔습니다. 그리고 하나님께서 저를 어디로 이끄시든지, 무엇을 시키시든지, 결과와 상관없이 주님을 따르기로 결단했습니다. 그리고서 첫 번째로 하나님께서 저에게 말씀하신 것은 학교를 그만두라는 것이었습니다. 당시 저는 대학교 1학년이었는데 그때 베트남 전쟁이 한창이었습니다. 미군은 굉장히 적극적으로 성인 남성들을 베트남으로 징집하고 있었는데 저는 학생이라 징병에서 제외됐었습니다. 그런 상황에서 학교를 그만둔다는 것은 즉시 징병된다는 의미였습니다. 베트남으로 가서 죽을 수도 있다는 말이지요. 그러나 저는 순종했습니다.

지금 와서 돌아보면 베트남 징병은 그 당시 저에게 일어났던 일 중에 정말 최고의 사건이었습니다. 제가 성장했던 종교적인 환경으로부터 저 자신을 분리시킬 수 있었으니까요. 그 환경이 나빴다는 말은 아닙니다. 저는 그곳에서 구원받았습니다. 다만 그렇게 분리되자 오직 하나님 말씀에만 집중해야 했습니다. 하나님을 신뢰해야만 하는 상황에 처한 것입니다. 그리고 13개월 동안 어떨 땐 하루에 15시간가량 성경 공부에 집중했습니다. 그때 성령님을 알게 되었고 믿는 자의 권세, 믿음과 기적, 또한 그 외에 교회에서 배워보지 못한 너무나 많은 것들을 알게 되었습니다.

하나님의 은혜로 저는 베트남에서 살아남았습니다. 그러나 미국으로 돌아왔을 때는 직장을 구하기 힘든 상황이었습니다. 저는 대학을 중퇴했는데 대학교 졸업장 없이 성공할 수 있는 확률은 낮아 보였습니다. 하지만 하나님께서 저를 돌봐주셨습니다. 저의 첫 번째 직업은 공립학교용 비디오 영상들을 편집하는 일이었습니다. 그리고 곧바로 그 부서 관리자가 저에게 연금이 보장되는 평생직장을 제안했습니다. 저희 어머니는 너무 좋은 기회라며 제가 그 제안을 받아드리길 원하셨습니다. 그런데 적어도 5년간은 그만둘 수 없다는 조건이 있었습니다. 저는 하나님께서 저를 사역자로 부르셨다는 것을 알고 있었고 언제라도 하나님께서 부르시는 곳으로 가야 했기 때문에 그 제안을 거절했습니다. 그러자 다들 제가 미쳤다고 생각했습니다.

한참 뒤에 아내와 저는 텍사스주 차일드리스Childress의 작은 교회를 목양하게 되었습니다. 교회가 성장하여 성도가 거의 50명 정도 되었고 우리는 결혼 후 처음으로 재정적으로 견딜 만하다 싶었습니다. 드디어 굶지 않아도 됐고 다른 일들도 잘 돌아갔습니다. 그런데 하나님께서 콜로라도주 프리쳇Pritchett으로 가라고 하셨습니다. 그곳이 땅끝은 아닐지라도 땅끝 옆 동네쯤은 됐을 것입니다! 그 지역을 통틀어 거기 사는 사람들은 144명뿐이었습니다. 겉으로 보기에는 분명한 퇴보였지만 결과적으로 그곳은 우리 단체를 시작하는 계기가 되었습니다. 그곳에서 죽은 자가 살아났고 후원하는 사람들도 그곳에서 생겼으며 거기서 라디오 프로그램을 시작하게 됐습니다. 너무나 놀라운 시간이었습니다.

그즈음에 하나님께서 저의 책이나 테이프 같은 설교 자료들을 무료로 나눠주라고 하셨습니다. 그 당시에는 자료를 무료로 나눠주는 사람을 전혀 찾아볼 수 없었습니다. 많은 사람들이 그러다가는 사역이 망한다고 했지만 저는 하나님께 순종했습니다. 그리고 현재, 우리는 형통합니다! 2018년에는 6,820만 명이 넘는 사람들이 우리 단체와 연결됐고 그중에는 저의 설교 자료를 무료로 받기 위해 연락한 사람들도 많았습니다! 우리는 수백만 개의 테이프와 책, CD, DVD를 무료로 공급했고 mp3도 무료로 다운받게 했습니다. 그렇게 하고도 재정적으로 형통할 수 있다는 것이 말이 안 되는 것 같아 보이지만 하나님은 저의 겸손한 순종을 존중해 주셨습니다.

  우리의 보잘것없는 이성은 하나님께서 일하시는 방법을 이해하지 못합니다. 우리는 하나님께서 보시듯 보지 않기 때문입니다. 이사야 55장 9절은 이렇게 말합니다.

> 이는 하늘이 땅보다 높음 같이 내 길은 너희의 길보다 높으며
> 내 생각은 너희의 생각보다 높음이니라

  우리의 행동이 미래에 어떤 영향을 미치는지 우리는 알 수 없지만 영원을 보시는 하나님은 다 아십니다. 우리가 스스로를 겸손하게 하여서 우리를 향한 하나님의 계획이, 우리가 생각하고 바라는 그 어떤 것들보다 더 좋다는 것을 신뢰한다면

모든 것이 잘될 것이라고 제가 장담할 수 있습니다(렘 29:11). 인생은 살만할 것입니다. 우리 각 사람을 창조하신 분은 하나님이시기에 무엇이 우리를 만족시킬지 그분이 아십니다. 우리가 우리 자신을 돌보는 것보다 하나님께서 우리를 더 잘 돌보십니다!

10
겸손은 순종한다

겸손에 대한 성경적인 관점을 세우는 일은 매우 중요합니다. 그렇지 않으면 양쪽 극단으로 치우칠 수 있기 때문입니다. 한쪽 끝은 오만입니다. 삶 가운데 일어나는 좋은 일들은 모두 자기 공으로 돌리면서 자기 스스로 성공했다고 생각하는 것입니다. 다른 한쪽 끝은 종교적인 가식으로서 거짓 겸손입니다. 자신은 하나님을 위해 그 어떤 것도 성취할 수 없다고 생각하면서 자신의 삶의 가치를 비하하는 것입니다.

참된 겸손은 자신을 높이지 않지만 자신을 비하하지도 않습니다. 다만 하나님의 의견에 동의하면서 말씀의 권위에 순복합니다. 말씀이 나를 하나님의 의(고후 5:21)라고 말하고 내게 능력 주시는 그리스도를 통해 내가 모든 일을 할 수 있다(빌 4:13)고 하는데도 그 말씀에 동의하지 않는 것은 교만입니다. 말씀이 말하길 내가 병든 자에게 손을 얹으면 나으리라(막 16:18)고

하는데, 이러한 하나님의 의견보다 나 자신의 종교적인 의견을 높인다면 그것은 오만입니다.

저의 타고난 경향은 소심하다고 이미 몇 번 말씀드렸습니다. 그리스도 밖에서, 저는 내성적인 사람입니다. 사람들에게 말도 못하고 그들을 이끌지도 못합니다. 그러나 그리스도와 함께, 저의 타고난 능력으로는 할 수 없는 일을 평생 해 오고 있습니다. 다음의 말씀을 보십시오.

> 믿는 자들에게는 이런 표적이 따르리니 곧 그들이 내 이름으로 귀신을 쫓아내며 새 방언을 말하며 뱀을 집어올리며 무슨 독을 마실지라도 해를 받지 아니하며 병든 사람에게 손을 얹은즉 나으리라 하시더라 마가복음 16:17-18

저는 믿는 자이기에 병든 자를 치유하고, 방언을 말하고, 귀신을 내쫓을 수 있도록 하나님께서 저에게 기름 부으셨다고 선언하는 것이 겸손입니다. 하나님께서 나와 함께 하시므로 내 손으로 하는 모든 일이 형통할 것이라고 생각하는 것이 겸손입니다(신 28:8). 하나님께서 저의 모든 필요를 채우실 것이기에(빌 4:19) 제가 캐리스 바이블 칼리지를 건축할 수 있다고 말하는 것이 겸손입니다. 하나님의 말씀을 담대하게 저의 삶에 선포하는 것이 겸손입니다. 저의 힘만으로는 그 어떤 것도 할 수 없지만 그리스도 안에서 제가 부르심 받은 모든 일을 할 수 있습니다. 이것이 겸손입니다.

그러나 성경 말씀에 맞춰 자신의 생각을 바꾸는 사람들이 굉장히 드뭅니다. 대부분 성경말씀의 권위에 순복하기를 거절하고 변덕스러운 대중의 의견을 따릅니다. 미국의 경우, 선거철에는 이러한 경향이 더합니다. 도덕적인 사람들뿐만 아니라 그리스도인들조차 성경말씀에 근거해서 투표하지 않고 방송에서 하는 말만 듣고 투표합니다. "반값 등록금"이라든지 "무료 건강보험"과 같은 공약을 듣고 자신의 이익을 따라 투표하는 것입니다. 몇 년 전에 들은 말인데 특정 정당을 찍어주면 공짜 핸드폰을 주겠다는 곳이 있었다고 합니다. 그것이 사실인지는 알 수 없습니다만 인간의 본성을 잘 보여주는 일입니다. 겸손은 그런 일을 하지 않습니다. 겸손은 다른 사람들을 이용하여 자신을 높이지 않습니다. 겸손은 하나님께 순종합니다.

사도행전은 다윗을 하나님 마음에 합한 자라고 부르지만(행 13:22) 그는 죄인이었습니다. 죄인도 보통 죄인이 아니라 역대급 죄인이었습니다! 다윗은 밧세바와 불륜을 저지르고 그의 남편을 죽여 자기 죄를 덮으려 하는 등, 크게 죄를 지었습니다(삼하 11장). 게다가 이 일은 다윗이 전쟁터에 있었어야 할 시기에 일어났습니다.

다윗이 왕이었던 시대에는 날씨가 허락할 때만 전쟁을 했는데 하나님의 뜻을 성취하기 위해 점령해야 하는 영토가 많이 남았음에도 불구하고 그는 편안한 환경에 안주해 버렸습니다. 다윗은 어느 정도의 성공을 이뤘고 더 이상 전쟁이 있을 때마다 그가 꼭 나가야 하는 상황도 아니었습니다. 주변에 믿을 만한 사람들도 충분했기 때문에 다윗은 자신을 대신하여 군대 지휘관 요압을 전장에 보냈습니다.

> 저녁 때에 다윗이 그의 침상에서 일어나 왕궁 옥상에서 거닐다가 그 곳에서 보니 한 여인이 목욕을 하는데 심히 아름다워 보이는지라　　　　　　　　　　　　　　　　사무엘하 11:2

젊은 시절의 다윗이라면 이런 행동을 생각하지도 않았을 것입니다. 사울에게서 도망치던 시절, 그는 어땠습니까? 다윗은 골리앗을 죽였고 그 결과 사울의 질투를 샀으며 그로 인해 동굴이나 이스라엘의 적국 속에서 숨어 지내야 했습니다. 그런데 사울이 다윗을 쫓던 중에 다윗이 숨어 있던 동굴에서 볼일을 보게 됩니다. 그때, 다윗은 사울을 죽이고 왕위를 차지할 수도 있었지만 그렇게 하지 않았습니다. 겸손했기 때문입니다. 하나님의 뜻 밖에서의 권력 탈취를 거절했던 것입니다(삼상 24장).

그런데 성공을 이룬 후 다윗은 그가 기름부음을 받은 그 일을 하지 않았습니다. 집에 머물렀고 심심했습니다. 이제 그는 성공했고 존경받는 왕이었습니다. 국고도 넘쳤습니다. 목적을 달성한 그는 성공을 자신의 공으로 돌렸습니다. 다윗은 더 이상 하나님을 의지하지 않아도 됐습니다. 뭐든지 손에 넣을 수 있게 되자 그는 밧세바를 원했습니다.

이런 교만한 사람을 "하나님 마음에 합한 자"라고 부를 사람이 있을까요? 그런데 선지자 나단이 다윗의 죄와 교만에 대해 책망했을 때 다윗은 바른 선택을 했습니다. 자신을 겸손하게 했던 것입니다(삼하 12장).

이것을 사울의 반응을 비교해 보십시오(삼상 13장). 사울은 왕위에 오른 지 2년째 되던 해에 블레셋과 싸우러 나갔습니다. 그런데 블레셋 군대가 숫자적으로 너무 많았습니다. 사울과 함께했던 사람들은 겁에 질려 도망갔고 사울은 주님께 묻기 위해 기다렸습니다. 사무엘 선지자가 정한 7일을 기다렸지만 그는 오지 않았습니다. 이에 사울 왕은 율법을 어기고 직접 제사를 드렸는데 그가 막 제사를 마치자 사무엘이 나타납니다.

사무엘이 사울에게 이르되 왕이 망령되이 행하였도다 왕이 왕의 하나님 여호와께서 왕에게 내리신 명령을 지키지 아니하였도다 그리하였더라면 여호와께서 이스라엘 위에 왕의 나라를 영원히 세우셨을 것이거늘 지금은 왕의 나라가 길지 못할 것이라 여호와께서 왕에게 명령하신 바를 왕이 지키지 아니하였

으므로 여호와께서 그의 마음에 맞는 사람을 구하여 여호와께서 그를 그의 백성의 지도자로 삼으셨느니라 하고

사무엘상 13:13-14

다윗과 사울 모두 죄를 지었습니다. 그리고 비교적 사울의 죄가 덜 나빠 보입니다. 사울은 불륜을 저지르지도 않았고 상간녀의 남편을 죽여 자신의 죄를 덮으려 하지도 않았습니다. 하지만 사울은 자신의 죄를 지적받았을 때 스스로를 겸손하게 하지 않았습니다. 사무엘상 15장에서는 사무엘이 사울에게 아말렉을 쳐서 진멸하되 여자들과 아이들, 동물까지 모두를 진멸하라고 지시합니다. 그러나 사울은 주님의 명령에 순종하지 않았습니다. 그는 아각 왕을 살려두었고 가장 좋은 가축들을 자기 몫으로 취했습니다. 이번에도 사무엘이 책망하자 그는 이렇게 대답합니다. "나는 실로 여호와의 목소리를 청종하여 여호와께서 보내신 길로 가서 아말렉 왕 아각을 끌어 왔고 아말렉 사람들을 진멸하였으나 다만 백성이 그 마땅히 멸할 것 중에서 가장 좋은 것으로 길갈에서 당신의 하나님 여호와께 제사하려고 양과 소를 끌어 왔나이다"(삼상 15:20-21)

자신을 겸손하게 하지 않고 오히려 선지자와 논쟁을 벌인 것입니다. 그리고는 자신의 행동에 대해 변명을 늘어놓았습니다. 그로 인해 그는 왕위를 잃게 됩니다.

사무엘이 말하기를 "왕이 스스로를 하찮게 여기고 있을 때 이스라엘 족속의 우두머리로 세워지지 아니하였으며, 주께서 당신을 이스라엘을 다스릴 왕으로 기름 붓지 아니하셨나이까?… "주께서 번제와 희생제를 주의 음성에 복종하는 것만큼 크게 기뻐하시나이까? 보소서, 복종하는 것이 희생제물보다 낫고, 경청하는 것이 숫양의 기름보다 낫나이다.

사무엘상 15:17, 22, 한글킹제임스

사무엘이 이스라엘의 첫 번째 왕으로 사울에게 기름 부었을 때, 하나님께서 어떻게 리더를 세우시는지 보여주기 위해 세밀한 과정을 거쳤습니다. 그는 이스라엘의 모든 지파들을 제치고 가장 작은 베냐민 지파를 택했습니다. 그리고 베냐민 지파의 모든 가족들을 제치고 가장 미약한 기스 가족을 택했습니다(삼상 9:21). 그리고 마지막에 사울이 택함을 받았습니다. 그런데 사울을 찾을 수가 없었습니다. 광주리 안에 숨어있었기 때문입니다. 사울은 용모가 출중하고 누구보다도 키가 컸지만 그것 때문에 주께서 사울을 택하신 것은 아닙니다(삼상 16:7). 그가 겸손했기 때문에 그를 택하시고 높여주셨던 것입니다. 하지만 자신의 죄가 드러났을 때, 그가 주님께 순종하기를 거절했기 때문에(자신을 겸손하게 하지 않았기 때문에) 여호와께서도 그를 버려 그가 왕이 되지 못하게 하셨습니다(삼상 15:23).

사무엘이 그 엄중한 하나님의 말씀을 전달하고 돌아서려 했을 때, 사울이 바닥에 엎드려 사무엘의 옷을 잡고 애원합니다. "내가 범죄하였을지라도 이제 청하옵나니 내 백성의 장로들 앞과 이스라엘 앞에서 나를 높이사 나와 함께 돌아가서 내가 당신의 하나님 여호와께 경배하게 하소서"(삼상 15:30)

방금 하나님의 은총을 잃었는데도 사울이 염려한 것은 오직 사람들의 인정이었습니다! 이것이 교만입니다.

> 지극히 존귀하며 영원히 거하시며 거룩하다 이름하는 이가 이와 같이 말씀하시되 내가 높고 거룩한 곳에 있으며 또한 통회하고 마음이 겸손한 자와 함께 있나니 이는 겸손한 자의 영을 소생시키며 통회하는 자의 마음을 소생시키려 함이라
>
> 이사야 57:15

지극히 존귀하신 하나님은 겸손한 자들과 함께하십니다. 그분은 겸손한 자들과 교제하기로 선택하셨습니다. 너무나 놀라운 사실입니다. 하나님은 겸손에 끌리시고 겸손은 순종합니다.

"하지만 목사님, 은혜에는 조건이 없는 것 아니었습니까? 내 삶에서 하나님의 은혜와 은총을 경험하려면 뭔가를 해야만 된다는 말입니까?" 아니요. 제 말은 그것이 아닙니다. 은

혜에는 조건이 없습니다. 은혜는 우리의 행함에 따라 주어지는 것이 아닙니다. 다윗도 크게 죄를 지었지만 자신을 겸손하게 했기에 하나님의 은혜를 받았습니다. 그렇기 때문에 이렇게 말할 수 있겠습니다. "은혜에는 조건이 없지만 겸손한 만큼 누릴 수 있다." 완벽해야 한다는 말은 아니지만 얼른 회개해야 합니다. 잘못했을 때는 얼른 자신을 겸손하게 하여 회개하십시오. 하나님은 교만한 자를 물리치시고 겸손한 자에게 은혜를 주십니다(약 4:7).

11
하나님적인 사랑

　예수님은 이렇게 말씀하셨습니다. "사람이 친구를 위하여 자기 목숨을 버리면 이보다 더 큰 사랑이 없나니"(요 15:13) 사랑에 대한 하나님의 정의는 세상의 정의와 다릅니다. 세상이 말하는 사랑은 내 필요와 갈망을 채워줄 사람을 찾는 것입니다. 그러한 사랑의 중심에는 자기 자신이 있습니다. 반면, 하나님적인 사랑은 이기적이지 않으며 다른 이를 위해 자신의 생명을 내려놓습니다.

> 내가 내게 있는 모든 것으로 구제하고 또 내 몸을 불사르게 내줄지라도 사랑이 없으면 내게 아무 유익이 없느니라
>
> 고린도전서 13:3

　다른 말로, 행동 뒤에 감춰진 동기가 행동 그 자체보다 중요

하다는 뜻입니다. 평생 모은 재산을 가난한 사람들에게 준다 해도 그것이 자기만족을 위한 것이라면 아무런 의미가 없습니다. 지하드 자살폭탄처럼 자기 목숨을 희생한다 해도 그 동기가 70명의 처녀가 있는 천국에 들어가기 위함이라면 그것은 하나님적인 사랑이 아닙니다.(이슬람에서는 자살테러로 죽으면 곧바로 천국에 들어가 70여 명의 처녀와 결혼한다고 믿음, 역자 주) 사랑이 동기가 아니라면 아무 유익이 없습니다.

그러나 하나님께서 주실 때, 그 동기는 사랑입니다. 하나님께서 지적하실 때도 그 동기는 우리를 향한 그분의 사랑입니다. 하나님은 그 어떤 것도 이기적인 야망이나 헛된 자만으로 하지 않으십니다(빌 2:3). 고린도전서는 하나님의 사랑을 이렇게 묘사했습니다.

> 사랑은 오래 참고 사랑은 온유하며 시기하지 아니하며 사랑은 자랑하지 아니하며 교만하지 아니하며 무례히 행하지 아니하며 자기의 유익을 구하지 아니하며 성내지 아니하며 악한 것을 생각하지 아니하며 불의를 기뻐하지 아니하며 진리와 함께 기뻐하고 모든 것을 참으며 모든 것을 믿으며 모든 것을 바라며 모든 것을 견디느니라 사랑은 언제까지나 떨어지지 아니하되 예언도 폐하고 방언도 그치고 지식도 폐하리라
>
> 고린도전서 13:4-8

하나님의 사랑은 겸손합니다. 교만하지 않습니다. 오늘날, 사람들이 사랑이라고 부르는 것은 고린도전서 13장에 나오는 사랑의 속성과는 아무런 관련이 없습니다. 세상의 사랑은 이기적이고 무례합니다. 쉽게 화내고 상대의 잘못을 잊지 않습니다. 시기하고 자랑하며 상대방을 항상 나쁘게 봅니다. 하나님적인 사랑과는 전혀 닮은 점이 없습니다. 최선의 경우, 흉내만 낼 뿐입니다.

이러한 이유로 많은 사람들이 결혼에 실패하는 것입니다. 상대방이 나의 부족함을 채워줄 것이라고 생각하거나 나의 삶을 완벽하게 만들어 줄 것이라는 기대로 결혼해선 안 됩니다. 결혼은 받기 위한 것이 아닙니다. 나와 상대가 반반씩 노력하는 것도 아닙니다. 결혼은 주는 것입니다. 행복하게 지속되는 결혼을 원한다면 당신의 삶을 쏟아부을 대상, 그리고 당신에게 자신의 삶을 쏟아부을 사람을 찾으십시오. 상대방보다 더 많이 주고, 더 많이 사랑하려고 해야 합니다.

하나님처럼 사랑하면서 상대를 나보다 앞세운다면 쉽게 화가 나지 않을 것입니다(고전 13:5). 앞서 언급했던 잠언 13장 10절 말씀 기억하고 계십니까? "오직 교만에 의해서 다툼이 생기나"(킹제임스 흠정역) 화가 나서 이성을 잃는 유일한 이유는 교만 때문입니다. 받아들이기 힘든 얘기지만 진리입니다. 다른 사람들의 행동을 통제할 수는 없습니다. 삶의 모든 장애물들을 치워달라고 기도하고 계십니까? 나를 짜증 나게 하는 사람들을 내 삶에서 사라지게 해 달라고 기도하고 계십니까? 그것은 시간 낭비입니다. 다른 사람들이 문제가 아닙니다. 다른 사람들에게 반응하는 나의 태도, 삶의 문제에 반응하는 나의 태도가 문제입니다. 하나님은 우리를 세상의 빛과 소금으로 부르셨습니다(마 5:13-14). 그 역할을 하려면 소금 통에서 나와야 합니다. 사람들에게 다가가 겸손하고 이타적으로 하나님처럼 사랑해야 합니다.

하나님은 모든 사람에게 창조주에 대한 직관적인 지식을 주셨고(롬 1:18-20) 각 사람을 그분의 사랑으로 이끄십니다. 그러나 사단은 태초부터 사람들의 시선을 하나님으로부터 떼어놓으려 했습니다. 사람들로 하여금 하나님의 존재를 부정하도록 부추겼고 그들의 마음을 완악하게 하여 하나님의 선하심이나 하나님의 책망조차 느끼지 못하게 만들었습니다(롬 1:28). 또한 사단은 하나님의 존재를 인정하는 사람들까지 부패시켜 우상숭배로 향하게 했습니다.

사단이 에덴동산에서 아담과 하와로 하여금 하나님께 불순종하도록 꾀었을 때, 그들에게 겁을 준 것이 아니었습니다. 처음부터 거짓말을 한 것도 아니었습니다. 그것보다는 훨씬 간교한 자이기 때문입니다.

> 그런데 뱀은 여호와 하나님이 지으신 들짐승 중에 가장 간교하니라 뱀이 여자에게 물어 이르되 하나님이 참으로 너희에게 동산 모든 나무의 열매를 먹지 말라 하시더냐 여자가 뱀에게 말하되 동산 나무의 열매를 우리가 먹을 수 있으나 동산 중앙에 있는 나무의 열매는 하나님의 말씀에 너희는 먹지도 말고 만지지도 말라 너희가 죽을까 하노라 하셨느니라 뱀이 여자에게 이르되 너희가 결코 죽지 아니하리라 너희가 그것을 먹는 날에는 너희 눈이 밝아져 하나님과 같이 되어 선악을 알 줄 하나님이 아심이니라
>
> 창세기 3:1-5

마지막 말은 분명한 거짓입니다. 그러나 거짓말로 시작하지는 않았다는 것을 주목하십시오. 하와도 하나님의 명령을 알았습니다. 그래서 사단은 하와로 하여금 먼저 하나님의 의도를 의심하게 만들었습니다. 하나님의 사랑을 의심하게 만든 것입니다. 그는 "너희가 결코 죽지 아니하리라"고 했습니다. 그 말은 이런 뜻입니다. "하나님이 너희에게 주지 않고 있는 것이 있다. 너희가 선과 악을 알지 못하도록 하고 있다. 그러니 하나님에게서 떨어져 나오는 것이 좋을 거야. 이제 너희 뜻대로 해라. 하나님처럼 되어라. 독립적이 되어라." 그리고 하와가 그 나무를 보니 "보암직"했다고 성경은 말합니다. 또 지혜롭게 할 만큼 탐스러웠다고 합니다. 그래서 하와는 사단의 꾀임에 순복

하여 그 열매를 먹었습니다(창 3:6). 어떤 면에서 하와는 자신을 하나님으로 만들었다고 볼 수 있습니다. 그리고 그것이 교만의 궁극적인 모습입니다.

   하나님은 아담과 하와에게 그분을 따를 선택권을 주셨습니다. 우리 각 사람에게도 동일한 선택권을 주셨습니다. 하나님은 절대 그분의 뜻이나 방법을 강요하지 않으십니다. 그것이 하나님의 사랑입니다. 하나님은 우리가 선택할 수 있도록 허락하셨습니다. 우리는 하나님의 사랑에 겸손하게 반응하여 그분께 순복하기로 선택할 수도 있고 반대로 독립적인 상태로 남기로 선택할 수도 있습니다. 그러나 독립적인 태도에는 그에 따른 결과가 있습니다. 만약 하나님으로부터 독립적인 상태를 유지하기로 선택한다면 그것은 하나님의 보호하심으로부터 독립해서 살기로 선택하는 것이고 하나님의 축복과 은혜로부터 독립해서 살기로 선택하는 것입니다.

   많은 이들이 자기가 "깨어있다"고 생각하면서 하나님의 말씀과 그 안에 있는 기준들을 시대에 뒤떨어진 것이라고 생각합니다. 수년 전 미국의 한 대통령은 자신이 그리스도인이라고 주장하면서도 하나님 말씀에 반하는 것들을 승인했습니다. 한 뉴스 프로그램에서 그는 이런 질문을 받았습니다. "자신이 그리스도인이라고 하면서 하나님 말씀에 대적하는 이 시대의 가치를 어떻게 받아들일 수 있습니까?" 그러자 그가 이렇게 말했습니다. "성경은 시대에 뒤떨어지는 것입니다. 하나님에게서 나왔을지 모르지만 사람들을 거쳐서 기록된 것입니다. 그래서 당시 사회의 영향을 받았고 그들의 가치체계에 의해 오염되어 있습니다. 더 이상 순수한 하나님의 말씀이 아닌 것이죠."

그는 말씀보다 자기의 기준을 높였습니다. 그것이 교만입니다. 이렇게 하나님의 말씀에 반하는 가치들을 선전했던 모든 교만한 사람들이, 자기가 큰 실수를 했다는 것을 알게 될 날이 올 것입니다. 그들이 사회에서 칭송받던 사람이든 이 땅에서 성공한 것처럼 보였든, 상관없습니다. 그들도 하나님 앞에 설 날이 올 것이며 그때 자신들의 교만에 대해 답을 해야 할 것입니다. 그들도 하나님의 놀라운 영광을 볼 것이고 자신들의 어리석음을 깨닫게 될 것입니다. 하나님 말씀에 침을 뱉었던 자들과 하나님의 은혜를 모욕했던 자들도 자신들의 잘못을 인정하게 될 것이며 그분의 주되심을 인정하며 부끄러움 가운데서 무릎 꿇게 될 것입니다(빌 2:10-11).

그날은 우리 모두가 맞이하게 됩니다. 그러나 이 땅에서 하나님의 사랑에 반응하기로 선택한다면 그날에 부끄러움을 당하지 않을 것입니다. 오히려 하나님은 그분의 은혜를 부어주시며 이렇게 말씀하실 것입니다. "잘하였도다 착하고 충성된 종아… 네 주인의 즐거움에 참여할지어다"(마 25:21) 모든 것을 완벽하게 했기에 그분의 은혜를 받는 것은 아닙니다. 하나님께서 그 사람의 거룩함에 근거해서 은혜를 주시는 것은 아니기 때문입니다. 하나님은 그들의 겸손에 따라 은혜를 주십니다. 우리가 스스로를 겸손하게 하고 예수님께 믿음을 둔다면 우리는 은혜를 받을 것입니다.

겸손은 하나님께서 사랑하시는 것을 사랑하고 하나님께서 미워하시는 것을 미워합니다(잠 6:16-19). 하나님께서 미워하시는 것 중의 하나는 교만이라는 것을 기억하십시오(잠 6:17). 겸손은 하나님의 기준에 순복하면서 그분을 의지합니다. 그리고 하나님의 기준은 사랑입니다.

> 예수께서 이르시되 네 마음을 다하고 목숨을 다하고 뜻을 다하여 주 너의 하나님을 사랑하라 하셨으니 이것이 크고 첫째 되는 계명이요 둘째도 그와 같으니 네 이웃을 네 자신 같이 사랑하라 하셨으니 이 두 계명이 온 율법과 선지자의 강령이니라   마태복음 22:37-40

하나님을 사랑하고 다른 사람들을 사랑하는 것이 율법을 완성합니다. 그러나 '네 이웃을 네 몸과 같이 사랑하는 것'은 그들의 죄까지 간과하라는 뜻은 아닙니다. 레위기에 이런 말씀이 있습니다. "너는 네 형제를 마음속으로 미워하지 말며 어떤 식으로든 네 이웃을 책망하여 죄가 그에게 임하지 못하게 하라… 네 이웃을 네 자신과 같이 사랑하라. 나는 주니라."(레 19:17-18, 킹제임스 흠정역) 하나님의 기준을 알고 진리를 알면서 이웃의 죄를 경고하지 않는 것은 잘못된 것입니다. 그것은 사랑이 아닙니다.

물론 이웃의 죄를 지적할 때는 방법이 중요합니다. 종교적인 사람들이 하나님의 말씀을 마치 몽둥이처럼 사용해 왔다는 것을 우리 모두 잘 압니다. 제가 말씀드리는 것은 그런 방법이 아닙니다. 하나님처럼 사랑한다는 것은 악이 사람들에게 입히는 해를 미워하는 것입니다. 너무 미워하기에 자신의 편안함을 버리고 이웃에게 경고하는 것입니다.

어느 날 안개 낀 밤에 집으로 가는 차 안이었습니다. 날은 어두웠고 바람까지 부는 산길이었습니다. 길에는 가로등조차 없어서 앞이 잘 보이지 않았습니다. 그때 차 한 대가 저를 앞지르더니 급하게 브레이크를 밟고는 오른쪽으로 튕겨 나갔습니다. 무언가에 부딪혔다는 것을 알 수 있었습니다. 그래서 갓길에 차를 세우고 가보니 몇 발짝 앞에 말 한 마리가 다쳐서 쓰러져 있었습니다. 그 말과 저희 차 두 대가 차선 세 개를 모두 가로막고 있었습니다. 그런데 제가 상황을 파악할 겨를도 없이 다른 차 한 대가 커브 길을 돌아와서 그 말을 또 들이받았습니다. 그리고 또 다른 차들이 오는 소리가 들렸습니다. 안개로 인해 다른 운전자들이 사고 현장을 전혀 볼 수 없는 상황이었기 때문에 제가 달려가서 오는 차들을 막아섰습니다.

　다가오는 차마다 가까이 다가가서 손을 흔들며 소리쳤습니다. 그러자 사람들은 저에게 빵빵거리며 소리도 지르고 욕을 해댔습니다. 다들 제가 미쳤다고 생각했을 것입니다. 솔직히 저도 경찰이 올 때까지 제 차 안에 가만히 있는 것이 더 쉬웠을 것입니다. 하지만 제가 그 사람들에게 경고하지 않았다면 그것은 이웃을 사랑하기보다 저 자신을 더 사랑하는 것입니다. 그들의 목숨보다 저 자신의 안위를 더 생각하는 것입니다. 형제자매 여러분, 사랑은 진실(진리)을 말하고, 사랑은 보호합니다(고전 13:6-7, NIV).

12
겸손은 의지한다

　참된 겸손은 오직 하나님을 의지하는 것입니다. 제 친구 목사님 해피 콜드웰Happy Caldwell은 자신이 목양하던 교회를 새로 부임한 부목사님들에게 넘김으로써 그것을 삶으로 보여 주었습니다. 그는 1979년에 아내와 함께 아칸소주 리틀락Little Rock에 아가페 교회를 개척했습니다. 그 후로 35년간 사역하면서 그들의 시간과 재정, 그리고 삶의 전부를 그 교회에 쏟아부었습니다. 아가페 교회는 그들의 전부였습니다. 그런데 하나님께서 이제 떠날 때라고 말씀하셨고 그들은 순종했습니다. 몇 년 전, 사역자 컨퍼런스에서 콜드웰 목사님이 이야기를 나눴습니다. 그는 장년층 사역자들에게 사역을 다음 세대에 넘겨줄 생각을 해야 한다고 권고했습니다. 그리고 이렇게 말했습니다. "주님이 말씀하시면 당신이 세운 모든 것을 내려놓을 수 있겠습니까? 모든 것을 다른 이에게 넘길 수 있겠습니까? 그리고 다시 시작하겠습니까, 아니면 안정적인 상태에 중독되어 있습니까? 하나님의 나라를 세우고 있습니까, 아니면 자기 자신의 나라를 세우고 있습니까?"

한 마디로 "당신은 겸손합니까?"라는 질문이었습니다. 저도 저의 마음을 살피며 기도했습니다. "하나님, 저에게 원하시는 다른 일이 있으십니까? 제가 내려놓아야 할 것이 있습니까? 아니면 제가 붙잡아야 할 것이 있습니까?" 그때 특별히 다른 말씀은 없으시다고 느꼈지만 저는 그 순간에 모든 것을 내려놓았다고 진심으로 말할 수 있습니다. 만약 하나님께서 저에게 아프리카로 가서 초가집 같은 곳에서 다시 사역을 시작하라고 하신다면 저는 그렇게 할 것입니다. 아내를 설득할 수 있을지 그건 잘 모르겠지만 하나님께서 말씀하시면 저는 기꺼이 모든 것을 내려놓을 것입니다.

시편 27편 4절은 이렇게 말합니다. "내가 여호와께 바라는 한 가지 일 그것을 구하리니 곧 내가 내 평생에 여호와의 집에 살면서 여호와의 아름다움을 바라보며 그의 성전에서 사모하는 그것이라" 하나님이 제가 필요한 전부입니다. 모든 것을 잃더라도, 기독교 방송에서 제가 사라지더라도, 바이블 칼리지가 없어지더라도, 처음부터 다시 시작해야 하더라도, 저는 괜찮습니다.

겸손하고자 한다면 기꺼이 모든 것에서, 그리고 모든 사람에게서 떠날 수 있어야 합니다. 그것이 하나님을 기쁘시게 하고 하나님께 영광이 된다면 말입니다. 진정한 겸손은 자신만의 계획agenda이 없습니다. 겸손은 온전히 하나님을 의지합니다. 모세가 하나님의 영광을 보여 달라고 했을 때 주님은 이렇게 말씀하셨습니다. "내가 네 앞에서 너와 함께 가리라. 내가 네게 안식을 주리라"(출 33:14, 킹제임스 흠정역) 그리고 바로 다음 구절에서 모세는 하나님께 완전히 의지하는 모습을 보입니다. 그의 말을 요약하면 이렇습니다. "주님, 주께서 저와 함께 가지 않으시면 저는 안 갑니다!" 이것이 겸손입니다. 겸손은 하나님을 찾습니다. 하나님 없이 아무것도 할 수 없다는 것을 알고 있습니다.

반면 교만은 자신이 하나님께 의지해야 하는 존재란 사실을 인정하지 않습니다.

> 악인은 그의 교만한 얼굴로 말하기를 여호와께서 이를 감찰하지 아니하신다 하며 그의 모든 사상에 하나님이 없다 하나이다
>
> 시편 10:4

대부분의 사람들이 놓치는 겸손의 모습이 있습니다. '나는 오만하지 않아. 나는 내가 다른 사람보다 낫다고 생각하지 않는걸? 그러니 나는 겸손하지.' 하지만 그들은 하나님을 의지하

지 않습니다. 문제가 생기지 않는 한 하나님을 찾지 않습니다. 사람들은 대부분 자신이 할 수 있는 모든 일을 다 해보고 더 이상 할 수 있는 일이 없을 때 기도합니다. 그것이 일반적이라 할지라도 성경적이지는 않습니다. 대부분의 사람들은 일단 자기가 할 수 있는 일을 다 해보고 할 수 없는 일에 대해 하나님을 의지해야 한다고 생각합니다. 예를 들어 누군가 병에 걸리면 하나님께 나아가기 전에 모든 의학적 방법을 다 시도해 봅니다. 제 말은 그리스도인들이 의사의 도움을 받아선 안 된다거나 의사들은 악하다는 말이 전혀 아닙니다. 그렇지만 믿는 자들이라면 하나님을 믿어야 하지 않겠습니까?

재정 문제에 있어서 성경 말씀은 "아무에게든지 아무 빚도 지지 말라"(롬 13:8)고 합니다. 그러나 이 말씀을 따르는 그리스도인이 얼마나 될까요? 하나님을 그들의 공급자로 의지하지 않고 대출을 받으면서 엄청난 이자로 재정을 낭비합니다. 그러다 갚지 못하게 되면 그때 하나님께 개입해 달라고 기도합니다. 하나님은 불 끌 때만 필요한 소화기가 아닙니다. 그분은 하나님이십니다. 겸손은 그것을 알고 있으며 하나님께서 하나님 자신에 대해 말씀하신 것을 그대로 신뢰합니다.

예수님은 이렇게 말씀하셨습니다. "진실로 진실로 너희에게 이르노니 아들이 아버지께서 하시는 일을 보지 않고는 아무 것도 스스로 할 수 없나니 아버지께서 행하시는 그것을 아들도 그와 같이 행하느니라"(요 5:19) 어떤 사람들은 이 구절을 가지고 예수님의 신성을 부인하는 데 사용하지만 저는 이것이야말로 예수님이 하나님이시라는 가장 위대한 증거라고 생각합니다.

예수님은 몇 구절 뒤에 하나님께 대한 의존을 이렇게 표현하셨습니다.

> 내가 아무 것도 스스로 할 수 없노라 듣는 대로 심판하노니 나는 나의 뜻대로 하려 하지 않고 나를 보내신 이의 뜻대로 하려 하므로 내 심판은 의로우니라　　　요한복음 5:30

이런 말씀들은 예수님과 아버지의 하나 됨을 보여줍니다. 예수님은 하나님을 너무도 의지하셨기에 하나님에게서 독립적으로 행하실 수가 없었습니다. 죄 없는 하나님의 아들, 예수 그리스도께서 겸손 없이 행하기를 거절하셨는데 우리가 어떻게 자립적으로 행하려 할 수 있겠습니까?

이미 거듭난 그리스도인이고 하나님을 사랑하지만 하나님에게서 독립적으로(하나님과는 별개로) 살고 있습니까? 자기 뜻대로 하다가 실패할 때만 하나님께로 나아갑니까, 아니면 하나님 말씀의 기준을 따르고 있습니까?

하나님께서 캐리스 바이블 칼리지에 가라고 하셨다면 왜 다른 옵션을 구합니까? 저의 의견은 왜 묻습니까? 하나님께서 하라고 하면 하십시오. 하늘이 무너진다고 해도 하십시오! 내가 원하는 대로 상황이 돌아가지 않을 것 같아 보일 수 있지만 자신의 명철을 의지하여 교만에 빠지지 마십시오(잠 3:5). 하나님을 하나님으로 신뢰하고 모든 일이 합력하여 선을 이룰 것을 믿으십시오(사 46:10, 롬 8:28).

베드로는 물 위를 걸으시는 예수님을 보며 이렇게 말했습니다. "주여 만일 주님이시거든 나를 명하사 물 위로 오라 하소서" 그러자 예수님께서 오라고 하셨고 베드로가 그 말씀에 순종한 것은 겸손이었습니다(마 14:28-29). 그가 배에서 내려 물 위를 걸은 것은 겸손이었습니다. 그러나 사람들은 대부분 그런 것을 겸손으로 보지 않습니다. 겸손한 사람이라면 입을 다물고 배 안에 가만히 있었을 것이라고 생각합니다. 그러나 진정한 겸손은 하나님을 믿습니다. 하나님을 의지하며 그분의 말씀을 신뢰합니다. 하나님께서 배 안에 머무르라고 하시면 배 안에 머무르십시오. 그러나 하나님께서 "오라"고 하셨는데도 그분의 말씀을 의심하거나 그것을 실행할 자신의 능력을 의심하는 것은 교만입니다. 베드로는 자신의 능력 때문에 물 위를 걸은 것이 아닙니다. 말씀대로 행하시는 하나님의 능력을 신뢰했기 때문에 물 위를 걸은 것입니다(렘 1:12).

하나님께서 저에게 바이블 칼리지를 지으라고 하셨기 때문에 제가 거기에 순종하는 것은 겸손입니다. 말씀하신 대로 행하실 하나님의 능력을 신뢰하는 것은 겸손입니다. 거기에 들어가는 돈이 1억 8천만 달러라도 말이지요. 저의 인간적 본성은 이렇게 말하려고 합니다. "아이고 하나님, 제가 뭐라고요! 제가 어떻게 그런 일을 할 수 있겠습니까?" 이렇게 하는 것은 교만입니다. "내게 능력 주시는 자 안에서 내가 모든 것을 할 수 있느니라"(빌 4:13)고 하시는 그분의 말씀에 동의하지 않는 것이니까요. 저에게 겸손이란 하나님께서 말씀하신 것을 말하고, 하라고 하신 일을 하는 것입니다. 어떤 이들은 이것을 오해합니다. 제가 저의 아성을 쌓는다고 비난하며 정죄합니다. 몇몇 오랜 후원자들조차 저의 동기를 오해하고 후원을 끊었습니다. 그러나 제가 저 자신의 의견을 높이면서 하나님께서 저를 쓰시고자 하는 대로 행하지 않거나 사람들의 의견과 인정에 대해 염려한다면 그것은 교만하게 행하는 것입니다.

  저도 겸손에 대해 잘못된 시각을 가지고 자랐습니다. 제가 성장한 종교적인 환경에서 자신에게 관심을 집중시키는 것은 잘못된 것이었습니다. 자신을 높게 여기는 것도 잘못된 것이었습니다. 내 삶을 통해 뭔가 좋은 일이 일어나더라도 "저는 자격 없는 종일뿐입니다."라면서 칭찬을 거절해야 한다고 배웠습니다. 그러나 사실은 하나님께서 저희 단체와 학교를 통해 하시는 일을 인정하는 것이 겸손입니다.

혹시 저처럼 겸손은 낮은 자존감과 정죄감으로 눌린 태도라는 인상을 받으면서 자랐기 때문에 하나님께서 하라고 하신 일을 거부한 것이 있다면 잠시 회개하는 시간을 가지십시오. 자신을 겸손하게 하여 하나님의 은혜가 당신의 삶에 흘러가도록 하십시오. 소심한 성격 때문에, 또는 사람들에게 오해받을까봐서 자신의 비전을 말하지 못했다면 회개하십시오. 우리가 기쁘게 해야 할 존재는 오직 하나님뿐입니다. 하나님께서 당신의 인간적인 능력을 뛰어넘는 중대한 일을 하라고 하셨습니까? 하나님께는 당신을 향한 계획이 있으시며 그것은 당신의 가족, 직장, 그리고 지역사회에 복이 될 일이라고 저는 믿습니다. 하나님께서 그들을 위해 계획하신 축복을 당신의 교만이 앗아가게 하지는 마십시오. 하나님께서 당신을 환경미화원으로 부르셨다면 그것도 좋습니다. 그러나 당신을 환경 미화업체 사장으로 부르신다면 그 자리를 받아들이십시오. 그것이 겸손입니다.

겸손은 한 번 배웠다고 평생 유지되는 그런 것은 아닙니다. 계속 재평가하고 조정해야 하는 과정입니다. 한번은 어떤 남성이 말하길 자신은 이십 년 전에 육신을 처리했기 때문에 그 이후로 교만의 문제가 없었다고 했습니다. 그가 그렇게 말하는 순간, 저는 속으로 "이가봇"을 외쳤습니다. 이가봇은 하나님의 영광이 떠났다는 뜻입니다(삼상 4:21). 그 사람은 교만 가운데 있으면서도 그것을 알지 못했던 것입니다!

> 만일 누구든지 무엇을 아는 줄로 생각하면 아직도 마땅히 알 것을 알지 못하는 것이요   고린도전서 8:2

교만을 쫓아낼 수 있는 사람은 없습니다. 교만을 완전히 없애는 유일한 방법은 죽는 것밖에 없습니다. 우리가 이 몸을 가지고 사는 한, 자아를 다루어야 합니다. 우리 안에 하나님으로부터 독립하여 행하려는 경향을 다스려야 합니다.

저희 아버지는 이렇게 말씀하시곤 했습니다. "자신의 경적을 직접 울리지 않으면 그 경적은 울리지 않는다(20세기 초반 미국 작가 데이먼 러넌Damon Runyon의 발언으로 '자신의 업적은 자신이 직접 알려야 한다'는 뜻, 역자 주)" 그러나 그것은 성경적인 생각이 아닙니다. 높여주는 일에 대한 하나님의 말씀을 무시하는 것이며(시 75:6-7) 자신을 겸손하게 하라는 하나님의 명령을 외면하는 것입니다(약 4:10). 또한 섬길 때 "주께 하듯" 섬기는 자들과 하나님의 나라를 먼저 구하는 자들에게 하나님께서 약속하신 상급을 신뢰하지 않는 것입니다(엡 6:7-8, 골 3:23-24, 마 6:33). 그러한 말을 하는 이유는 다음과 같은 신념을 가졌기 때문입니다. '하나님은 우리에게 무관심하시다, 하나님의 도우심은 의지할 만한 것이 못 된다, 겸손히 행한다고 상을 주시진 않을 것이다.' 너무나 잘못된 생각입니다!

13
충성된 증인

하나님께서 우리의 필요를 돌보신다는 것을 신뢰하지 않고, 그분의 말씀대로 행하실 것을 신뢰하지 않는 사람들이 많습니다. 그래서 자기 자신을 알리고 스스로 필요를 채우느라 모든 에너지를 소진합니다. 이렇듯 참된 겸손은 마땅히 그 정도는 알고 있어야 할 사람들 사이에서도 찾아보기가 매우 어렵습니다. 저는 자기 공로를 자랑하지 않고는 대화를 이어가지 못하는 사역자들과 늘 마주칩니다. 사람의 인정을 받기 위해 하나님께서 하고 계시는 일을 자기의 공로로 돌리는 것인데 그것은 잘못된 일입니다.

참으로 겸손한 사람은 하나님께 영광을 돌립니다. 우리 삶에 모든 좋은 것들은 하나님에게서 온 것입니다(약 1:17). 열심히 일해서 돈을 벌었을지 모르지만 부를 얻을 능력은 하나님께서 주신 것입니다(신 8:18). 헬스장에서 열심히 운동했을

지 모르지만 어머니의 태에서 우리를 조성하신 분은 하나님이십니다(시 139:13). 손가락에서 피가 나고 굳은살이 박이도록 음악과 예술적 기술을 연습했을지 모르지만 그 재능도 하나님께서 주신 것입니다. 다른 이들을 섬겨서 그들에게 축복이 되라고 말입니다(벧전 4:10). 스스로 자수성가한 사람은 아무도 없습니다.

오래전, 저의 설교가 TV로 방영되기 전에는 텍사스 전역에 방송되는 라디오 프로그램을 통해 말씀을 전하고 있었습니다. 그때 유명한 목사님의 TV 프로그램에 출연해 달라는 의뢰를 받았습니다. 그 목사님은 댈러스 포스워스Dallas-Fort Worth 지역의 대형교회 목사님이었는데 제가 그 지역에 가 있었기 때문에 그 교회의 주일 오전 예배에 참석했었습니다. 그때 저는 라디오 프로그램만 10여 년 했을 때라 제 얼굴을 아는 사람은 없었습니다. 그래서 그 교회 성도 4~5천 명 중에서 저의 라디오 방송을 들어본 사람이 얼마나 되는지 궁금해졌습니다. 제 목소리를 알아보는 사람이 있을까, 또는 저를 아는 사람이 있기나 할까 생각했습니다. 그때, 저를 통해 은혜받았을 사람들을 생각하면서 그들이 성숙해진 것에는 저의 공도 있다고 생각하기에 이르렀습니다. (부끄러운 이야기지만 중요한 포인트가 있어서 나눕니다.) 그런 생각을 하면서 앉아 있었는데 주께서 저의 마음에 말씀하셨습니다. "앤드류, 그것은 교만이다. 네가 이 사람들을 변화시킨 것이 아니야. 내가 변화시켰다. 너에게 준 나의 말씀은 너의 영광을 위한 것이 아니다. 나의 영광을 위한 것이다."

주께서 저를 책망하시는 동안 그 교회 목사님이 저에게 일어서라고 하면서 이렇게 말했습니다. "앤드류 워맥 목사님이 오늘 우리 교회를 방문해 주셔서 정말 영광입니다." 그 순간, 마치 하나님께서 저의 교만에 스포트라이트를 비춰주시는 것 같았습니다. 들킨 기분이 들었고 벌거벗은 기분이었습니다. 물론 주께서 그곳에 있는 사람들에게 이것을 드러내신 것은 아닙니다. 아무도 제가 무슨 생각을 하고 있었는지 몰랐으니까요. 그러나 일어서 있는 동안 얼마나 불편했는지 모릅니다! 하나님께서 하신 일을 내 공로로 돌리는 것은 하나님의 영광을 가로채는 일이며 결국은 부끄러움을 당하게 됩니다.

> 나는 여호와이니 이는 내 이름이라 나는 내 영광을 다른 자에게, 내 찬송을 우상에게 주지 아니하리라   이사야 42:8

물론 여기에도 균형이 있습니다. 하나님께서 하신 일을 자기 공으로 돌려서 그분의 영광을 가로챌 수도 있지만 하나님께 공을 돌리지 않거나 아니면 하나님께서 우리를 통해 하신 일에 대해 다른 이들이 찬양할 때 그것을 못하게 하는 것도 하나님의 영광을 가로채는 것입니다. 하나님은 저를 사용해 오셨습니다. 저를 통해 많은 사람들의 삶을 변화시키셨습니다. 제가 하나님께 영광 돌리는 한, 그것을 인식하는 것은 교만이 아닙니다. 그분이 이 모든 열매의 근원이십니다.

예수님은 자신을 위해 영광을 취하신 적이 한 번도 없습니다.

> 내가 아무 것도 스스로 할 수 없노라 듣는 대로 심판하노니 나는 나의 뜻대로 하려 하지 않고 나를 보내신 이의 뜻대로 하려 하므로 내 심판은 의로우니라   요한복음 5장 30절

예수님은 이 말씀을 하시면서 하나님에 대한 의존을 나타내셨고 동시에 아버지께 영광을 돌리셨습니다. 예수님의 말씀은 이것입니다. "말씀하시는 분은 내 아버지다. 나는 그분이 하신 말씀을 할 뿐이다."

한번은 예수님께서 회당에서 가르치실 때 사람들이 이렇게 말했습니다. "이 사람이 어디서 이러한 지혜를 얻었는가? 이 사람은 요셉의 아들이 아니냐? 신학교에 다니진 않았을 텐데." 거기에 예수님은 이렇게 반응하셨습니다.

> 예수께서 대답하여 이르시되 내 교훈은 내 것이 아니요 나를 보내신 이의 것이니라 사람이 하나님의 뜻을 행하려 하면 이

> 교훈이 하나님께로부터 왔는지 내가 스스로 말함인지 알리라 스스로 말하는 자는 자기 영광만 구하되 보내신 이의 영광을 구하는 자는 참되니 그 속에 불의가 없느니라
>
> 요한복음 7:16-18

예수님은 자신의 메시지를 전한 것이 아닙니다. 그분은 충성된 증인이었으며 그 지혜에 대해 하나님께 공을 돌리셨습니다.

제가 존경하는 한 목사님이 신학적 문제로 최근에 저를 찾아왔었습니다. 그분은 하나님께서 자신에게 보여주셨다고 확신하는 것들을 성경적으로 증명하는 데 어려움을 겪고 있었습니다. 들어보니 그분의 말은 일리가 있었지만 그분이 주장하는 결론에 이르려면 성경에 기록되어 있지 않은 것을 믿어야 했습니다. 물론 성경에 기록되어 있지 않으면 전부 틀렸다는 말은 아닙니다. 그러나 저로서는 성경에 기록되지 않은 것들을 성경 말씀을 신뢰하듯 신뢰할 수는 없습니다. 그래서 이렇게 말했습니다. "당신의 말은 전부 일리가 있습니다. 어쩌면 완벽한 진리일 수도 있겠지요. 그러나 성경으로 증명할 수 없다면 저는 절대 가르치지 않겠습니다."

우리는 하나님 말씀 밖에 있는 것을 근거로 우리의 교리를 세워선 안 됩니다. 그것은 마치 기반 없이 건물을 세우는 것과 같습니다. 겉으로는 잠시나마 멋져 보이더라도 결국 그 건물은

무너져 내릴 것입니다. 그 건물을 붙들고 있는 것이 없으니까요. 이런 말을 하는 사람들도 있습니다. "그 계시는 너무 깊군요. 말씀을 뛰어넘었어요." 세상에, 말씀을 뛰어넘었다면 깊어도 너무 깊은 것입니다! 저는 앞으로도 말씀만 붙잡을 것입니다. 저 자신의 교리를 만들거나 저 자신의 영광을 구하지 않을 것입니다. 말씀의 기반 위에 세울 것입니다.

예수님 안에는 불의함이 없었습니다. 그분은 겸손하셨습니다. 자신의 영광을 구하지 않으셨지만 그분의 선한 업적을 부인하지도 않으셨습니다. 그저 아버지께 영광을 돌리셨습니다. 겸손에 대한 거짓된 인상이 있는데 자신의 업적을 비하하고 공로를 인정하지 말아야 한다는 것입니다. 그러나 그것은 참된 겸손이 아닙니다. 종교적인 위선입니다. 하나님께서 나에게 주신 것들이나 나를 통해 하신 일들을 인정하는 것에는 아무런 문제가 없습니다. 문제는 이것입니다. 영광을 하나님께 돌리십니까? 하나님을 공급자로 보십니까?

"나를 좀 보세요. 내가 이룬 일들을 좀 보세요."라며 자신의 삶에 일어난 좋은 일들의 공로를 전부 자기에게 돌리는 것은 교만입니다. 하지만 하나님께서 나를 통해 이루신 일들을 경시하는 것 또한 교만입니다. 그것은 사실상 하나님의 영광을 빼앗는 것입니다. 예수님은 하나님께서 그분을 통해 하신 일들을 경시하지 않았습니다. 죽은 자가 살아나고 눈먼 자가 눈을 뜨고 절름발이가 걷게 된 것을 부인하지 않으셨습니다. 오히려 자신이 누군지 증명하실 때 그러한 기적들을 언급하셨습니다(마 11:4-6). 그러나 누군가 "이러한 권세를 어디서 얻었는가?"라고 물을 때면, 주님은 하나님께 영광을 돌리셨습니다. 그분은 충성된 증인이셨습니다(계 1:5).

잠언은 충성된 증인에 대해 자주 언급합니다(잠 13:17, 14:5, 25:13). 충성된 증인은 자기를 보낸 이에게 진실합니다. 자기 자신에게 영광을 돌리려 하지 않고 자기를 보낸 자를 의지하며 그를 정확하게 대변합니다. 그러나 충성되지 않은 증인은 자기의 명성을 더 걱정합니다. 자신이 전할 메시지 때문에 해를 입거나 망신당할 가능성이 있다면, 충성되지 않은 증인들은 사람들이 더 잘 받아들이도록 그 메시지를 변경합니다. 그것은 교만입니다.

바나 그룹(Barna Group 공신력 있는 미국의 여론조사 기관, 역자 주)에 따르면 사역자들의 90%가 하나님의 말씀은 우리 사회의 모든 사회악과 도덕적 문제에 대해 다루고 있다고 믿는 것으로 조사되었습니다. 그러나 사역자들의 10%만이 설교할 때 그 문제들에 대한 해답을 언급하겠다고 했습니다. 하나님의 말씀이 그 문제에 대해 뭐라고 하는지 알지만 예배 출석률과 헌금이 줄어들까 봐 가르치지 않겠다는 것입니다. 비난하는 메일을 받거나 인터넷에 자신에 대한 글이 뜰까 봐 진리를 가르치지 않겠다는 것입니다. 그런 사람들은 논란의 여지가 없거나 그들의 입장에 도움이 되는 것만 전하는 사람들입니다. 그것이 바로 충성되지 않은 증인입니다. 하나님의 인정보다 사람들의 칭찬과 인정을 구하는 것입니다. 이것은 사역자들만의 문제는 아닙니다. 성도들도 마찬가지입니다. 하나님의 말씀이 뭐라고 하는지 알지만 비난받지 않기 위해, 거절 받지 않기 위해 입을 다물고 있습니다. 그래서 우리나라가 혼란 가운데 있는 것입니다. 그리스도인들이 침묵하고 있으니까요. 그들은 빛과 소금의 역할을 하지 않고 있습니다(마 5:13-14). 충성된 증인의 역할을 하지 않고 있습니다.

한번은 독일에서 사역했었는데 저는 독일어와 그 나라 문화를 모르기 때문에 통역하는 사람이 저의 메시지를 사람들이 잘 이해할 수 있게 전달하리라고 믿을 수밖에 없었습니다. 그런데 제가 느낀 기분을 어떻게 설명해야 할지 모르겠지만, 소통이 잘 안되고 있다는 것을 알 수 있었습니다. 사람들이 저에게 집중은 하고 있었지만 반응을 하지 않았습니다. 그리고 그것은 아주 드문 일입니다! 보통 제가 설교할 때, 사람들은 좋아하거나 아니면 싫어하거나 둘 중의 하나입니다. 미지근한 반응은 없습니다. 그래서 그때 굉장히 답답했습니다. 무슨 일인지 알 수 없었기 때문에 집회 후에 그곳 목사님께 물었습니다. "무슨 일이죠? 제대로 돌아가질 않는 것 같아요."

"통역관이 제대로 하지 않고 있어요. 목사님과 동의하지 않기 때문에 목사님 말씀을 바꿔서 전달하고 있습니다. 성경에 대한 해석이 목사님과 다릅니다."

그것을 여러 가지 말로 표현할 수 있겠지만 그 실체는 교만입니다. 그 통역관은 사람들이 자기가 하는 말을 좋아하지 않을까 봐 걱정하고 있었던 것입니다. 그는 저의 명성보다 자신의 명성을 걱정했고 그래서 저의 말을 왜곡하여 전달하였습니다. 그러나 그 사람은 다른 이들이 자기를 어떻게 생각할지 고려할 필요가 없었습니다. 자기 자신을 통역하는 것이 아니니까요. 그는 저를 통역하고 있었습니다. 만약 사람들이 제가 그를 통해 하는 말을 싫어한다면 그 비난은 그를 향한 것이 아닙니다. 저를 향한 것입니다. 어떤 의미에서 사역자들이 하나님의 말씀 전체를 전부 다 전달하지 않는 것도 이와 비슷하다고 할 수 있습니다. 그들은 주님을 잘못 대변하고 있습니다. 충성된 증인이라면 사람들이 어떻게 반응할지 신경 쓰면 안 됩니다. 자신의 영광을 구하거나 자신의 명성을 걱정하면 안 됩니다. 충성된 증인이라면 하나님께서 하신 말씀만 할 뿐, 나머지는 신경 쓸 필요가 없습니다.

오래전에 한 교회에서 재정에 관한 말씀을 전하고 있었는데 사람들이 너무 잘 받아들여서 마치 바싹 마른 땅에 물을 붓는 느낌이었습니다. 이후 그 교회 주일예배 때 저를 초대했던 목사님이 성도들 앞에서 회개하는 일이 있었습니다. 목사님은 무릎을 꿇고 성도들에게 사과했습니다. "죄송합니다. 저도 재정에 대해 워맥 목사님이 설교한 내용을 알고 있었고 오랫동안 실천하고 있었지만 여러분들이 싫어할까 봐 강대상에서 전하지는 않았습니다. 여러분들이 저를 이상한 사람이라고 생각하거나 제가 여러분들의 돈을 원한다고 생각할까 봐 그랬습니다. 하나님 말씀 중에 그 분야를 가르치지 않은 것은 제 잘못입니다. 저를 용서해 주십시오." 그가 자신을 겸손하게 하자 그 교회 성도들이 앞으로 달려 나와 강대상 앞에 헌금을 드리기 시작했습니다. 그리고 그 한 번의 예배 때 나온 헌금으로 교회의 모든 빚을 다 갚았습니다!

그 겸손의 순간, 그 목사님은 충성된 증인이 된 것입니다. 자기를 높이거나 자신의 평판을 걱정하지 않았습니다. 자신의 아성을 쌓고자 하지 않았습니다. 충성된 증인이 되어 주님의 마음을 시원케 해드린 것입니다(잠 25:13).

14
높임을 받는 비결

앤드류 워맥 미니스트리와 캐리스 바이블 칼리지는 전 세계에 650명이 넘는 직원이 있습니다. 그리고 모든 부서에서 충성된 증인을 고용하고 승진시키길 원합니다. 충성되지 않은 증인은 주어진 힘과 권위를 함부로 사용해서 사역에 해를 입힐 것이기 때문에 우리는 직원들의 신뢰성을 항상 검토합니다. 일을 망쳤을 때 현실을 인정하고 고쳐나가는가, 아니면 변명하고 덮으려고 하는가? 또한 사실을 과장하거나 조작하는가?(잠 14:5) 만약 그렇다면 그 사람은 이 단체의 평판보다는 자신의 평판을 더 신경 쓰는 사람입니다. 그런 사람들은 섬기고자 하는 마음이 없으며 자기 사역을 위한 발판으로 또는 여타 다른 이유로 이곳에 있는 것입니다. 물론 우리는 그들을 계속적으로 사랑하겠지만 그런 사람들에게 더 많은 권위를 맡길 수는 없습니다. 그들은 충성된 증인이 아니니까요.

그러나 자신에게 손해가 되는 상황에서도 단체의 유익을 위한 결정을 내린다면 그것은 그들의 인격에 관해 많은 것을 말해줍니다. 그리고 그런 사람들은 아주 중요한 자산이 됩니다.

젊은 자들아 이와 같이 장로들에게 순복하고 다 서로 겸손으로 허리를 동이라 하나님이 교만한 자를 대적하시되 겸손한 자들에게는 은혜를 주시느니라　　　　　베드로전서 5:5

하나님은 우리가 옳은 결정을 내리든 그렇지 않든 우리를 사랑하시지만 교만을 높여주시진 못합니다. 저도 하나님을 닮아갈수록 자신을 겸손하게 하는 사람들에게 더 많은 은혜를 베풀게 됩니다. 이기적이고 자존감이 낮은 사람들은 자기를 높이기 위해 상황을 교묘하게 속이면서 타인을 비난합니다. 저는 그런 사람들을 멀리합니다. 그렇다고 그들을 함부로 대한다는 뜻은 아닙니다. 그러나 하나님처럼, 저도 그들을 승진시키지는 않습니다. 저도 충성된 증인을 원하니까요.

오래전 밀톤 올리Milton Ooley라는 직원이 있었는데 우리 단체의 IT 부서를 맡았었습니다. 사역이 성장하면서 그에게도 일손이 부족했습니다. 그래서 광고를 냈는데 애리조나주 피닉스에 사는 한 남성이 지원했습니다. 마침 그 지역에 저의 집회가 있어서 밀톤과 함께 피닉스로 갔습니다. 우리 계획은 제가 거기서 집회를 하는 동안 밀톤이 그 지원자, 스탠 프리스트Stan Priest를 면접하고 컴퓨터 다루는 능력을 테스트해 보는 것이었습니다. 집회를 마치고 제가 밀톤에게 어떻게 됐는지 물었습니다.

"그 사람, 천재더군요. 테스트해 볼 필요가 없었습니다. 잠시 이야기해 봤지만 제 실력은 그의 실력에 비하면 아무것도 아니더라고요!"

두말할 나위 없이 우리는 스탠을 고용했고 데이터를 입력하는 부서에서 일하게 했습니다. 그런데 그때는 몰랐지만 그 직책은 그에게 엄청난 퇴보였습니다. 그는 이전 직장에서 IT 부서 전체를 지휘하던 사람이었습니다. 스탠을 고용한 뒤에 그의 전 직장 상사가 저를 만나러 와서 이렇게 말했습니다. "스탠을 다시 데려가려고 왔습니다. 우리는 그가 필요해요. 스탠을 대신할 사람을 고용하기 위해 고용 전문가들에게 알아봤는데 그런 자격을 갖춘 사람은 전국에 단 두 명뿐이었어요."

스탠은 우리 단체에 큰 축복이 되었습니다. 스탠과 그의 아내 도나Donna는 30년째 우리와 함께 일하고 있습니다. 스탠을 고용하고 얼마 되지 않아 밀톤은 사표를 내고 텍사스로 돌아갔습니다. "스탠이 저보다 훨씬 잘합니다. 저보다는 그가 목사님을 위해 더 많은 것을 할 수 있을 거예요."

밀톤은 자기를 높이려고 하지 않았습니다. 자기 자신의 영광을 구하는 사람이 아니었습니다. 그는 우리 단체를 위한 최선을 원했고 자신보다 더 자격을 갖춘 사람이 나타나자 기꺼이 물러난 것입니다. 그것은 하나님적인 태도였습니다. 그런 인격을 갖춘 사람은 드뭅니다. 대부분 같은 조직 내에서 자기보다 더 능력 있는 사람을 발견하면 위협을 느낍니다. 그리고 상대의 재능을 가리려고 무슨 일이든 하면서 쫓아내려고 합니다. 그 사람에게 불리하도록 일을 꾸미거나 그 사람의 아이디어를 훔치기도 합니다. 그것을 여러 가지로 표현할 수 있습니다. 어떤 이는 밥그릇을 챙기는 것이라고 합니다. 그러나 사실 그것은 교만입니다. 자기에게 영광을 돌리려고 하는 것입니다.

예수님은 자신의 영광을 구하지 않으셨기 때문에 자신의 판단(심판)은 의롭다고 주장하실 수 있었습니다(요 5:30). 그분은 하나님께 영광을 돌리기 위해 사셨습니다. 하나님께서 높여주시는 태도는 바로 그런 태도입니다.

게리 루키Gary Luecke는 캐리스 바이블 칼리지 본교를 오랫동안 도맡아 운영하다가 전 세계에 퍼져있는 캐리스 분교들을 관리하도록 승진됐었습니다. 후에 주님의 인도를 따르기 위해 그 자리에서 내려왔지만 그는 항상 이렇게 말했습니다. "당신이 저에게 무엇을 원하든 이 단체가 저를 어떻게 쓰든 저는 준비되어 있습니다." 처음에 그가 우리 단체를 위해 일하게 됐을 때 수입이 엄청나게 줄어드는 것을 감안하고 시작했습니다. 그러니 돈 때문에 온 것이 아니지요. 하나님의 부르심이라고 믿었기에 온 것입니다.

그렉 모어Greg Mohr는 캐리스 바이블 칼리지의 현 디렉터입니다. 제가 그렉과 그의 아내 제니스를 알게 된 것은 수십 년 전입니다. 제가 그의 교회에 초청되어 가서 설교하곤 했었습니다. 그렉이 캐리스로 섬기러 왔을 때, 그는 어떤 자리도 요구하지 않았습니다. 27년간 목회를 했지만 권위를 구하지 않은 것입니다. 오히려 이렇게 말했습니다. "나는 여기 섬기러 왔고 이 단체에 축복이 되려고 왔습니다. 나를 필요로 하는 일이라면 뭐든지 하겠습니다." 그래서 당시 비어 있는 자리를 그에게 맡겼습니다.

몇 년 뒤, 그렉이 저에게 와서 이렇게 말했습니다. "하나님께서 나에게 캐리스의 리더십 자리를 맡기시는 것 같은데 나는 여기 섬기러 왔으니 지금의 자리에 머무르라면 그렇게 하겠습니다. 그런데 하나님께서 저에게 리더십의 은사를 주셨다고 믿습니다." 이것이 겸손입니다. 그렉은 자기를 높이려 하지 않았습니다. 어디서든 섬기려 했지만 하나님께서 그의 마음에 권고하실 때, 그는 반응했습니다. 이후 그가 말하길 자신이 레마(Rhema 케네스 해긴 목사가 설립한 성경학교, 역자 주)에 다니던 시절, 하나님께서 언젠가 그에게 바이블 칼리지를 맡기실 것이라고 하셨답니다. 그때는 하나님께서 레마를 말씀하시는 것으로 생각했지만 수십 년 뒤, 그것이 캐리스였다는 것을 깨달았다고 합니다. 그럼에도 불구하고 그렉은 저에게 "하나님" 카드를 쓰지 않았습니다. "하나님께서 말씀하셨다"면서 저로 하여금 그를 승진시키도록 수를 쓰지 않았습니다. 수년간 섬기면서 그의 마음과 성품을 보여주었습니다. 그 결과 리더십의 자리에 오른 것입니다.

현재 CBC 학장인 베리 베넷Barry Bennett은 칠레에서 성공적인 선교사역을 했었고 텍사스에서 스페인어로 운영되는 바이블 스쿨을 이끌던 사람입니다. 그는 능력 있는 사역자이며 우리 학교 학생들이 가장 좋아하는 선생님들 중 하나입니다. 그러나 그도 처음에 우리 단체로 올 때, 자기 자신에 대해 떠벌리며 바이블 칼리지에서 일하게 해달라고 하지 않았습니다. 처음 2년간 그는 안내 부서에서 이메일에 답하는 일을 했습니다.

그러다 어떤 직원이 그와 대화 중에 그의 배경에 대해 알게 되어 CBC 채플에서 설교를 맡아달라고 요청했습니다. 그가 설교하자 학생들이 너무 좋아했습니다. 학생들은 그에게 기립박수를 보냈습니다. 그리고 그 설교 CD는 최고의 판매 기록을 세웠습니다.

한번은 제가 그에게 캐리스 디렉터를 맡겠냐고 물었습니다. 하지만 그는 그것이 자신의 은사가 아닌 것 같다고 했습니다. 주께서 그에게 명하시는 일만 하길 원했기 때문에 급여 인상뿐 아니라 더 많은 권위가 주어지는 기회를 고사한 것입니다. 이런 사람이 신실한 사람입니다.

캐리스의 리더십 팀 모두 이러한 자세를 가지고 있습니다. 폴 밀리건Paul Milligan은 우리 단체를 이끌었던 사람입니다. 그가 최근에 저에게 말하길, "내가 할 일이 끝났다고 생각되거나 나보다 이 일을 더 잘하는 사람이 나타난다면 얘기하세요. 나는 그런 일에 감정이 상하지 않습니다. 여기 섬기러 왔으니까요." 이것이 겸손입니다. 제가 언급한 사람들은 모두 자신보다 더 큰 목적을 섬기고 있습니다. 자기 아성을 쌓으려는 사람들이 아닙니다. 자신이 옳다고 믿는 일을 하고 있는 것입니다. 그들은 하나님을 섬기고 있고 하나님께서 그들 위에 세우신 권위에 신실합니다. 그러한 자세가 신실한 증인을 만듭니다.

우리가 이러한 자세로 (상대가 누구든) 주께 하듯 섬긴다면, 하나님께서 보상해 주십니다(엡 6:8). 시편 기자는 이렇게 말했습니다.

> 무릇 높이는 일이 동쪽에서나 서쪽에서 말미암지 아니하며 남쪽에서도 말미암지 아니하고 오직 재판장이신 하나님이 이를 낮추시고 저를 높이시느니라   시편 75:6-7

높임을 받는 일은 하나님에게서 옵니다. 상사가 보지 않더라도 하나님께서 보시고 겸손을 높여주십니다. 하나님께서 겸손한 자들을 돌보시며 상사에게 호의를 받게도 하시고 더 좋은 직업을 얻게도 하시며 자기 사업을 시작하게도 하십니다. 어떤 사람들의 경우, 승진이 안 되는 이유는 바로 이 겸손의 문제일 수도 있습니다. 신실한 증인이 아닌 경우입니다. 자기에게 영광 돌리고 자기를 높이려는 사람들입니다. 사실을 왜곡하며 수를 쓰는 사람들입니다. 그런 사람들은 동료를 시기하고 다른 사람들에 대해 좋게 말하는 법이 없습니다. 자기에게 손해가 된다면 옳은 일이라도 하지 않습니다.

아주 오래전 일인데 사역 단체를 대신해서 후원금을 모금해 주는 회사에서 저를 찾아온 적이 있었습니다. 그들은 저 대신 자신들이 후원 요청 편지를 쓰는 조건으로 100만 달러를 약속했습니다. 당시 우리 단체로 들어오는 후원금은 연간 20만 달러 정도 되던 시절이라 도대체 어떻게 하려는 것인지 물었습니다. 그들은 과학적으로도 증명됐다는 그들의 방법을 저에게 설명해 주었는데 그들이 편지에 쓰려던 내용은 전부 거짓과 술수뿐이었습니다.

그래서 제가 말했습니다. "이 중에 사실은 하나도 없네요."

"사실이든 아니든 상관없어요. 지금 훌륭한 일을 하고 계시는데 더 많은 일을 하실 수 있도록 저희가 돈을 모아 드리겠습니다. 과정이야 어떻든 결과가 중요하지 않습니까?"

"아니요. 그렇지 않습니다!" 그들을 쫓아내며 제가 말했습니다. "그런 돈은 필요하지 않습니다."

형제자매 여러분, 결과가 과정을 합리화하지 못합니다! 우리는 옳은 방법으로 일해야 합니다. 무슨 일이든 겸손으로 해야 하며 겸손은 하나님께 순복하고 그분을 의지하는 것입니다.

주님을 사랑하고 경외하는 한 남성이 있었는데 자신의 거짓말 습관 때문에 힘들어했습니다. 그는 아주 어렸을 때 사소한 일로 아버지에게 자주 두들겨 맞았고 살기 위해서 거짓말하는 법을 배우게 되었다고 합니다. 아버지를 기쁘게 해서 맞지 않을 수만 있다면 뭐든지 했답니다. 그런데 자기도 모르는 사이에 어린 시절에 목숨을 부지하던 방법을 어른이 되어서까지 이어갔습니다. 이제 어른이 되었는데도 그는 너무나 어리석은 말을 하곤 했습니다. 아무 이유 없이 거짓말을 일삼았고 사람들에게 어필하느라 괜한 과장으로 상대를 속였습니다. 그래서 아무도 그를 신뢰하지 않게 되었고 그 결과 그는 직장을 잃었습니다.

사람들은 그것을 거짓의 영이라 부르는데 실상은 교만의 영입니다. 사람들이 거절할까 봐 불안해하고 걱정하는 것입니다. 고통을 피하려는 노력입니다. 그런 사람들은 진실이 그들에게 유익을 주지 못한다고 생각하여 진실의 일부만 말합니다. 그렇게 하는 것은 거짓 증거를 하는 것이며(출 20:16) 그것은 교만입니다. 무슨 일이든 주께 하듯이 해야 하는데(엡 6:7) 그렇게 하지 않고 자기 자신을 위해 일하는 것입니다. 그러면서 왜 일이 잘 안되는지 의아해합니다. 은혜(호의와 높임을 받는 일)는 겸손을 통해서만 흘러갈 수 있습니다(약 4:6).

15
예수, 우리의 롤 모델

　예수님은 겸손의 가장 훌륭한 표본입니다. 그분은 사람들이 원하는 것이 무엇인지 걱정하지 않으셨고 사람들의 인정을 받으려고 애쓰지 않으셨습니다. 다만 하나님께서 명하신 일만 하셨고 아버지께 공로를 돌리셨습니다. 오병이어로 오천 명을 먹이셨을 때 사람들은 놀라워하며 그분을 왕으로 삼고자 했지만(요 6장) 예수님은 사람들의 마음속에 무엇이 있는지 아셨습니다(요 2:25). 그들의 마음이 그분과 함께하지 않았다는 것을 아셨습니다. 사람들은 예수님이 하나님이셨기에 그분을 예배하고 따른 것이 아니라 자기들의 배를 부르게 해 주셨기 때문에 그분을 따랐던 것입니다. 전부 이기적인 이유였습니다. 예수님을 자신들의 필요를 채워주는 보증수표쯤으로 여긴 것입니다. 그래서 예수님은 그들이 받아들이기 힘든 말씀을 하셨습니다.

썩을 양식을 위하여 일하지 말고 영생하도록 있는 양식을 위하여 하라 이 양식은 인자가 너희에게 주리니 인자는 아버지 하나님께서 인 치신 자니라 그들이 묻되 우리가 어떻게 하여야 하나님의 일을 하오리이까 예수께서 대답하여 이르시되 하나님께서 보내신 이를 믿는 것이 하나님의 일이니라 하시니   요한복음 6:27-29

예수님께서 이 말씀을 하시자 사람들은 예수님께 표적을 요구했습니다. 모세가 광야에서 이스라엘 백성들을 먹인 것처럼 예수님도 만나를 만들어 자기들을 먹여주시길 원했습니다(요 6:30-31). 바로 그 전날, 예수님께서 기적을 베풀어 오천 명을 먹이셨는데(여자와 아이들은 계수되지 않음) 그들은 그것으로 만족하지 않았던 것입니다. 그래서 이렇게 말씀하십니다.

예수께서 이르시되 내가 진실로 진실로 너희에게 이르노니 모세가 너희에게 하늘로부터 떡을 준 것이 아니라 내 아버지께서 너희에게 하늘로부터 참 떡을 주시나니 하나님의 떡은 하늘에서 내려 세상에 생명을 주는 것이니라
                                     요한복음 6:32-33

예수님의 말씀은 이런 뜻입니다. "너희는 하늘에서 내려오

는 만나를 찾지만 내가 생명의 양식이다. 하나님께서 세상에 생명을 주시려 나를 보내셨다." 당시 사람들은 이러한 표현이 오만하다고 생각했을 것입니다. 그러나 그것은 진리였습니다. 예수님께서 자신을 생명의 양식이라고 선언하신 것은 겸손이었습니다. 아버지 하나님께 동의하는 것이니까요.

  진실을 말하는 것은 잘못된 것이 아닙니다. 조 단위 수익을 내는 회사를 일으켰는데 그 사실을 부인한다면 그것은 겸손이 아닙니다. 그것은 종교적인 위선입니다. 진정한 겸손은 이렇게 말합니다. "예, 제가 그런 회사를 일으켰습니다. 하지만 하나님께서 기회를 주셨고 회사를 제대로 세울 수 있는 지혜를 주셨습니다. 이 회사가 복의 근원이 되어 많은 사람들에게 일자리를 줄 수 있어서 기쁩니다." 겸손은 좋은 일이 일어난 사실을 부인하지 않습니다. 다만 하나님께 그 공을 돌릴 뿐입니다.

  저의 사역을 통해 죽은 자가 살아난 경우가 종종 있었습니다. 그런데 제가 이 간증을 나누면 제가 저 자신을 높인다고 비난하고 참소하는 사람들이 있습니다. 저는 이러한 기적들을 제가 일으켰다고 주장한 적이 한 번도 없습니다. 저의 능력으로는 개미 한 마리도 살리지 못합니다! 하나님께서 죽었던 제 아들을 살리셨습니다. 저의 아내도 살리셨습니다. 프리쳇에서 죽었다 살아난 그 남자도 하나님께서 살리신 것입니다. 이것은 교만이 아닙니다. 하나님께서도 이런 일이 있을 것이라고 말씀하셨습니다(막 16:17-18, 요 14:12). 그렇기 때문에 이것은 하나님께 영광 돌리는 것입니다.

겸손은 자신을 비하하지도, 비난하지도 않습니다. 또한 자신의 삶 가운데 일어났던 좋은 일들을 인정합니다. 하나님께서 제 삶 가운데에 놀라운 일들을 행하셨습니다. 그리고 그것을 인정하는 것이 겸손입니다. 제가 저 자신에게 공을 돌리지 않고 하나님께 영광을 돌리는 한 말입니다. 예수님께서 그렇게 하셨습니다.

> 예수께서 이르시되 나는 생명의 떡이니 내게 오는 자는 결코 주리지 아니할 터이요 나를 믿는 자는 영원히 목마르지 아니하리라 그러나 내가 너희에게 이르기를 너희는 나를 보고도 믿지 아니하는도다 하였느니라 아버지께서 내게 주시는 자는 다 내게로 올 것이요 내게 오는 자는 내가 결코 내쫓지 아니하리라 내가 하늘에서 내려온 것은 내 뜻을 행하려 함이 아니요 나를 보내신 이의 뜻을 행하려 함이니라
>
> 요한복음 6:35-38

예수님은 자기 자신의 뜻을 추구하려 이 땅에 오신 것이 아닙니다. 그분은 아버지 하나님의 나라를 세우느라 바쁘셨습니다. 주님은 이렇게 말씀하셨습니다. "내 아버지의 뜻은 아

들을 보고 믿는 자마다 영생을 얻는 이것이니 마지막 날에 내가 이를 다시 살리리라"(요 6:40) 그러나 유대인들은 예수님의 말씀에 수근 댔습니다(요 6:41). 그들은 예수님의 동기를 의심했고 어떤 이들은 예수님에게 이단이라고도 했습니다. 또한 이렇게도 말했습니다. "이는 요셉의 아들 예수가 아니냐 그 부모를 우리가 아는데 자기가 지금 어찌하여 하늘에서 내려왔다 하느냐"(요 6:42)

예수님께서 하신 말씀은 사실이었습니다. 그분은 정말 하늘에서 내려오셨고 평범한 사람이 아니셨습니다. 그분은 육신으로 나타나신 하나님이었습니다(요 1:1, 딤전 3:16). 예수님께서 그것을 부인하셨다면 그것은 교만입니다. 사람들의 반응이 두려워서 그분의 말씀을 순화했었다면 그것은 교만입니다.

그것이 바로 이 시대 사역자들의 문제입니다. 대부분의 사역자들이 재정에 대해, 치유에 대해, 성령세례에 대해 진리를 말하지 않습니다. 사람들의 오해를 사 비난받을까 봐 두려워하기 때문입니다. 또 어떤 사역자들은 같은 이유로 결혼과 자녀 양육, 성적 순결에 대한 하나님의 말씀을 언급하지 않습니다. 그들은 이 사회가 감당하기에 하나님의 말씀은 너무 강하다고 생각합니다. 그래서 말씀을 희석하여 사람들의 구미에 맞추려고 합니다. 그런 사람들은 충성된 증인이길 포기하고서 자신들의 말과 생각을 끼워 넣습니다.

비난을 두려워하는 것, 사람들의 승인과 인정을 원하는 것은 교만입니다. 잠언 29장 25절은 이렇게 말합니다. "사람을 두려워하면 올무에 걸리게 되거니와" 올무는 짐승을 잡기 위한 덫입니다. 사단은 사람을 두려워하는 마음을 이용하여 우리를 교만이라는 올무 또는 덫에 걸리게 합니다. 이 두려움은 이기심에 뿌리를 내리고 있습니다. 하나님을 세상에 나타내고자 한다면 비난받을 각오를 해야 합니다(딤후 3:12). 예수님은 이렇게 말씀하셨습니다. "모든 사람이 너희를 칭찬하면 화가 있도다 그들의 조상들이 거짓 선지자들에게 이와 같이 하였느니라"(눅 6:26) 박해를 받지 않고 있다는 것은 경건하게 살지 않고 있거나 하나님을 제대로 나타내지 않고 있다는 뜻입니다. 마귀와 정면으로 부딪힌 적이 없다면 그와 같은 방향을 향해 달려가고 있기 때문입니다.

하나님을 나타내기 시작하면 대가를 지불하게 됩니다. 예수님께서 이렇게 물으셨습니다. "그들이 집주인을 바알세불이라고 불렀으니, 그 가족들을 부를 때는 얼마나 심한 말로 부르겠느냐?"(마 10:25, 쉬운성경) 하나님의 말씀을 있는 그대로 전했는데 사람들이 오해한다면 당황해하면서 사과하거나 설명하려 들지 마십시오. 사람들이 예수님의 말씀을 오해하여 수군댔을 때 그분은 뒤로 물러나지 않으셨습니다.

예수께서 대답하여 이르시되 너희는 서로 수군거리지 말라 나를 보내신 아버지께서 이끌지 아니하시면 아무도 내게 올 수 없으니 오는 그를 내가 마지막 날에 다시 살리리라 선지자의 글에 그들이 다 하나님의 가르치심을 받으리라 기록되었은즉 아버지께 듣고 배운 사람마다 내게로 오느니라 이는 아버지를 본 자가 있다는 것이 아니라 오직 하나님에게서 온 자만 아버지를 보았느니라   요한복음 6:43-46

예수님의 말씀은 이런 뜻입니다. "왜 수군거리느냐? 너희 선생들은 직접 듣고 배운 것을 말하는 것이 아니다. 그러나 나는 아버지께 직접 듣고 배운 것을 말한다. 아버지를 직접 본 것은 나뿐이며 나는 그분에 대해 권위를 가지고 말할 수 있다." 그리고 계속해서 이렇게 말씀하셨습니다.

진실로 진실로 너희에게 이르노니 믿는 자는 영생을 가졌나니 내가 곧 생명의 떡이니라 너희 조상들은 광야에서 만나를 먹었어도 죽었거니와 이는 하늘에서 내려오는 떡이니 사람으로 하여금 먹고 죽지 아니하게 하는 것이니라 나는 하늘에서 내려온 살아 있는 떡이니 사람이 이 떡을 먹으면 영생하리라 내가 줄 떡은 곧 세상의 생명을 위한 내 살이니라 하시니라

                        요한복음 6:47-51

유대인들은 예수님 말씀의 영적인 면을 완전히 놓쳤습니다. 그들은 주님이 실제로 주님의 살을 먹으라고 하시는 것으로 생각했습니다(요 6:52). 이러한 오해가 오늘날에 일어난다면 대부분의 사역자들은 자신을 대변하고 아무도 기분 나쁘지 않게 하기 위해서 열심히 설명을 해댔을 것입니다. 그런데 예수님은 오히려 상황을 악화시키시는 듯 보입니다.

> 예수께서 이르시되 내가 진실로 진실로 너희에게 이르노니 인자의 살을 먹지 아니하고 인자의 피를 마시지 아니하면 너희 속에 생명이 없느니라 내 살을 먹고 내 피를 마시는 자는 영생을 가졌고 마지막 날에 내가 그를 다시 살리리니 내 살은 참된 양식이요 내 피는 참된 음료로다 내 살을 먹고 내 피를 마시는 자는 내 안에 거하고 나도 그의 안에 거하나니
>
> 요한복음 6:53-56

이 상황을 오늘날에 대입하여 생각해 봅시다. 예를 들어 제가 저의 집회에 2만여 명의 군중을 모았다고 해봅시다. 그런데 하나님께서 저에게 사람들이 좋아하지 않는 메시지를 주셨다면 어떨까요? 주님께 진정으로 헌신된 사람들만 남기고 그렇지 않은 사람들은 골라내는 그런 말씀 말입니다. 그래서 많은 사람들이 제가 설교하는 내용에 실족하여 1,800명이 자리를

떠났다고 해 봅시다. 아마도 그 지역에 저에 대한 소문이 쫙 퍼지겠지요! "앤드류 워맥 얘기 들었어요? 2만 명이 그 사람 집회에 참석했었는데 다 망쳐버렸대요! 사람들이 다 실족하고 중간에 나가버렸답니다. 남은 사람들이 몇 안 됐다고 하네요." 사람들은 저를 실패자라고 할 것입니다. 당시에도 예수님을 실패자로 본 사람들이 많았을 것입니다.

예수님의 제자들조차 그분의 말씀에 대해 수군거리기 시작했습니다. 그러자 예수님께서 "이 말이 너희에게 걸림이 되느냐"고 물으셨습니다(요 6:61). 그리고 이렇게 이어가셨습니다. "살리는 것은 영이니 육은 무익하니라 내가 너희에게 이른 말은 영이요 생명이라 그러나 너희 중에 믿지 아니하는 자들이 있느니라 하시니 이는 예수께서 믿지 아니하는 자들이 누구며 자기를 팔 자가 누구인지 처음부터 아심이러라"(요 6:63-64) 예수님은 그들의 마음속에 무엇이 있었는지 아셨습니다. 예수님께 뭔가를 얻으려는 목적으로 그분을 따르는 사람들이 많다는 것을 아셨던 것입니다. 그들은 먹을 양식을 위해, 기적을 위해, 그리고 명성을 얻기 위해 주님을 따랐습니다. 그래서 예수님은 그분을 따르는 자들에게 그것보다는 더 나은 자세를 요구하신 것입니다. 그분의 말씀은 이런 뜻이었습니다. "내가 너희를 위해 해줄 수 있는 것만 바라면서 나를 따르면 안 된다. 그 이상의 것을 위해 따라야 한다.

하나님의 나라를 진정으로 경험하기 원한다면 너희들은 진정으로 믿어야 한다."

그러자 어떤 일이 일어났을까요?

> 그 때부터 그의 제자 중에서 많은 사람이 떠나가고 다시 그와 함께 다니지 아니하더라　　　　　　　요한복음 6:66

예수님을 따랐던 자들은 진정으로 살기 위해 하늘의 양식인 예수님을 (영적인 의미로) 먹어야 했습니다. 그 외에 아버지께 가는 길은 없기 때문입니다(행 4:12). 그러나 유대인들은 그것을 이해하지 못했고 예수님은 설명하려 하지 않으셨습니다. 그들이 문제 삼은 것을 해결해 주지 않으셨고 그들의 잘못된 추측을 교정해 주지 않으셨습니다. 그들이 예수님을 어떻게 생각하는지 염려하지 않으셨던 것입니다. 예수님은 자신이 아니라 하나님 아버지께 영광 돌리는 것이 목적이었기 때문입니다. 예수님은 신실한 증인이셨습니다. 그분은 자신에게 유익이 되든 안 되든, 아버지께서 하시는 말씀을 항상 정확히 전달하셨습니다.

16
진정한 성공

    그리스도인들 중에 (사역자를 포함하여) 하나님의 뜻에 완전히 헌신된 사람들은 많지 않습니다. "저는 하나님을 섬길 준비가 됐어요. 그런데 아프리카로만 보내지 않으셨으면 좋겠어요!" 이 말은 어느 정도까지만 하나님을 섬기겠다는 뜻인데 겸손은 순종하는 데 있어서 제한을 두지 않습니다. 진정한 겸손은 나 자신이 실패하는 것처럼 보일지라도 하나님께 영광을 돌리려고 합니다.

  저의 의견으로는 예수님의 공생애 중에 그 어느 때보다도 많은 사람들이 떠났던 이 사건 속에서 주님은 더 위대한 겸손을 보이셨고 더욱 하나님만 의지하는 모습을 보이셨다고 생각합니다. 생각해 보십시오. 예수님은 성공적인 사역을 하고 계셨습니다. 사람들은 그분을 따랐고 왕으로 삼으려 했습니다. 많은 사람들이 그분을 메시아라고 (적어도 그들이 메시아라고 생각하는 존재로) 믿었습니다. 그러다가 예수님께서 받아들이기 힘든 메시지를 전하시자(요 6장) 많은 사람들이 떠났지만 예수님은 흔들리지 않으셨습니다. 그분은 자신의 메시지를 바꾸지 않으셨고 사람들의 호의를 다시금 얻어보려 하지도 않으셨습니다. 다른 기적을 행하지도 않으셨습니다.

이 시점의 예수님을 보고 대부분의 사람들이 그분은 실패했다고 말할지라도 저는 이 순간이 예루살렘 입성(요 12장)보다 더 위대한 순간이었다고 믿습니다. 주님은 사람들의 거절에 당황하지 않으셨습니다. 아버지를 향한 그분의 사랑과 헌신은 변하지 않았습니다. 오히려 열두제자를 보시며 "너희도 떠나겠느냐?"고 하셨습니다. 예수님은 사람들의 인정을 의지하지 않으셨습니다. 사람들의 반응이 어떻든 아버지께서 하라고 하신 일을 계속하셨던 것입니다.

저는 현재, 개인의 삶이나 사역에 있어서 하나님의 축복을 넘치도록 받고 있습니다. 사람들이 저의 메시지에 반응하고 있으며 그들의 삶이 변화되고 있습니다. 이것은 너무 멋진 일입니다! 그러나 아내와 제가 고군분투했던 것이 그리 오래전 일이 아닙니다. 제가 하는 일들이 변화를 일으킨다는 증거가 전혀 보이지 않을 때도 우리는 하나님을 섬겼습니다. 그렇기 때문에 제가 성공적으로 잘되고 있는 우리 단체의 상황을 의지하는 것은 아니라는 뜻입니다. 사람들이 더 이상 반응하지 않아도, 우리 단체가 모든 것을 잃더라도 저에게는 문제가 되지 않을 것입니다. 그럴 때에도 지금 누리고 있는 하나님과의 관계는 지속될 것입니다.

오래전에 우리 단체 이사회에서 저에게 사역을 그만두는 것이 좋겠다고 조언한 적이 있었습니다. 그분들은 우리 단체의 재정 상황을 살펴보고 있었는데 들어오는 후원금과 빚을 비교해 보고는 한마디로 제가 파산상태라고 선언했습니다. "이 단체는 문을 닫아야 합니다. 선한 청지기라면 이러한 상태를 지속할 수 없어요. 목사님은 문제에 봉착했습니다. 일이 제대로 돌아가고 있질 않아요. 사역을 그만두셔야겠어요."

솔직히 그때, 제 안에 어떤 부분은 기뻤습니다. '하나님, 이제 시멘트 부으면서 먹고살던 시절로 돌아갈 수 있겠네요. 우리 건물 공과금 낼 걱정도 없고 후원자 수를 늘려야 한다는 걱정도 할 필요가 없고 직원들 월급 걱정도 없던 때로 말입니다. 그냥 당신과의 관계만 집중하고 아내와 아이들만 신경 쓰면 되겠네요. 너무 멋질 것 같아요!' 하지만 그것은 저를 향한 하나님의 뜻이 아니란 걸 알고 있었습니다. 그래서 그 생각을 말로 옮기지 않고 이렇게 말했습니다. "이 일은 하나님께서 저에게 하라고 하신 일이 분명합니다. 그러니까 기도해 봅시다. 하나님께서 응답하실 겁니다."

그래서 함께 기도하고 있었는데 그때 전화가 왔습니다. 저희 어머니였습니다. 당시 어머니는 우리 단체로 오는 우편물을 관리하고 계셨는데 6만 달러짜리 수표가 막 도착했다는 것을 알려 주시기 위해 전화를 하셨던 것입니다. 제가 한 번도 가본 적 없는 어떤 교회에서 우리 단체의 모든 빚과 다음 달 필요까지 전부 해결할 헌금을 보내준 것입니다!

제가 말씀드리고자 하는 것은 모든 것을 잃는다 해도 저는 아무렇지도 않다는 것입니다. 헌신했으니까요. 저는 이미 그러한 상황에 직면해 본 경험이 있으며 그 모든 것을 내려놓을 수 있다고 진심으로 말할 수 있습니다. 저의 공급자는 하나님이십니다. 하나님과의 관계가 저를 살게 하는 것이며 저는 그 관계를 기준으로 성공을 평가합니다.

그러나 대부분의 사람들이 외적인 것들, 물리적인 것들로 성공을 평가합니다. 사람들은 하나님의 뜻을 따르는 것과 겸손을 성공의 척도로 취급하지 않습니다. 가진 돈이 얼마인지, 건물이 얼마나 큰지, 얼마나 많은 사람에게 영향을 미치고 있는지를 알고 싶어 합니다. 그리고 대부분의 사람들이 이러한 조건을 달성하기 위해서라면 무슨 일이라도 하면서 사람들의 인정을 받아내려 합니다.

몇 년 전, "새로운 방식"의 교회를 하겠다며 나타난 사람이 있었습니다. 그는 많은 사람들을 모으기 원했고 그 누구의 비위도 건드리길 원치 않았습니다. 그래서 설교를 매우 짧고 상징적으로 만들었는데 설교 시간이 마치 콘서트처럼 안개도 나오고 조명도 화려했던 반면 기도는 무대 뒤로 숨겼습니다. 그는 일단 사람들이 오면 주중에 그들을 소그룹으로 훈련할 수 있다고 생각했습니다. 그는 이것을 "구도자 중심 예배"라고 불렀는데 사역이라기보단 퍼포먼스였습니다. 물론 사람들은 왔습니다. 이에 대한 책도 나왔고 인터뷰도 있었습니다. 그리고 그는 "성공"한 사람이라 불렸습니다. 전국적으로 수천 개의 교회가 그의 프로그램을 따랐습니다. 그러나 그것은 효과가 없었다고 그가 직접 인정했습니다. 그 사역은 넓기만 했지 깊이가 없었습니다. 제자를 만들지 못했으니까요.

불행하게도 대다수의 사역자들이 이러한 덫에 빠집니다. 그들은 존경받기를 원하고 변화를 만들기 원합니다. 숫자와 헌금을 늘리기 위해서라면 무슨 일이든 합니다. 자기 자신을 알리기 시작합니다. 그래서 많은 사람들이 모이면 그 상태를 유지하고 자신의 명성을 지키기 위해서 무슨 일이든 합니다. 더 이상 하나님을 정확하게 나타내지 않습니다. 더 이상 진리를 말하지 않습니다.

자신을 알릴 자격을 가진 사람이 있었다면 그것은 예수님뿐입니다. 그럼에도 예수님은 겸손하셨습니다. 주님은 요한복음 14장 10절에서 이렇게 말씀하셨습니다. "내가 아버지 안에 거하고 아버지는 내 안에 계신 것을 네가 믿지 아니하느냐 내가 너희에게 이르는 말은 스스로 하는 것이 아니라 아버지께서 내 안에 계셔서 그의 일을 하시는 것이라" 예수님은 한 번도 자신을 높이신 적이 없었습니다. 단 한 번도 하나님 아버지에게서 독립적으로 행하신 적이 없으며 오직 하나님께서 주신 말씀만 하셨습니다. 그리고 그 말씀으로 인해 찬사를 받을 때면 하나님의 공으로 돌렸습니다.

사람들이 그분을 떠났을 때조차 예수님은 당황하지 않으셨습니다. "다들 나만 미워해"라며 상처받지도 않으셨습니다. 예수님은 그들의 마음속에 무엇이 있는지 아셨기 때문입니다. 그들의 찬사는 변덕스럽다는 것을 아셨기에 상관하지 않으셨습니다. 예수님의 목적은 자신에게 영광 돌리는 것이 아니었습니다. 주님은 하나님 아버지께 영광 돌리길 원하셨습니다. 아버지께서 기뻐하신다면 누가 그분을 거절하든 그것은 문제가 되지 않았습니다. 예수님은 사람들에게 받는 인정을 통해서 자신의 가치를 판단하지 않으셨습니다. 다 떠난다 해도 신경 쓰지 않으셨습니다. 진정한 헌신을 원하셨기 때문입니다. 대부분의 교회는 이러한 기준을 가지고 있지 않습니다.

예전에 한 남자가 어떤 여성의 영접 기도를 돕고 있었는데 저도 그 자리에 있었습니다. 그 여성은 예수님께서 죽은 자 가운데서 살아나신 것을 고백하는 부분에서 이렇게 말했습니다. "저는 그렇게 말할 수 없어요."

이에 그가 물었습니다. "왜요?"

"나는 예수님이 죽은 자 가운데서 살아났다고 믿지 않으니까요. 저는 그분이 살아났다고 믿지 않습니다."

그러자 그 남자는 이렇게 말했습니다. "어쨌든 그냥 기도하세요. 안 믿어도 상관없습니다."

그래서 제가 끼어들 수밖에 없었습니다. "상관있어요. 로마서에 나와 있는데 예수를 주로 시인하고 하나님께서 그분을 죽은 자 가운데서 살리신 것을 마음으로 믿으라고 했습니다(롬 10:9). 이렇게 해야만 구원받습니다."

제가 방문했던 교회들 중에는 집단으로 영접하게 하는 곳들도 있었습니다. 자신들의 삶을 그리스도께 헌신하기를 원하는 사람들을 강대상 앞으로 초청하고는 계속해서 추가합니다. "헌신한 대로 살지 않고 주님에게서 멀어졌던 분들도 앞으로 나와서 재 헌신하십시오." 그리고 거기에 또 더합니다. "현재 삶이 힘들다고 느끼는 분들도 앞으로 나오십시오." 그런 식으로 하다 보면 하나님을 30년 이상 섬겼던 사람들까지 나와서 새로 영접한 사람들의 숫자에 더해집니다. 그것은 정직하지 못한 것이며 숫자만 따지는 것입니다. 마치 전도하러 나가서 사람들 이름만 적어 온 뒤 "이 사람들을 전부 주님께 인도했어요!"라고 하는 것과 같습니다. 우리는 자신의 아성을 쌓으려 하거나 숫자만 늘리려 해서는 안 되며 하나님을 세상에 정확하게 나타내고 순수한 마음으로 사역하면서 사람들을 섬겨야 합니다.

　주께서 저의 삶을 만지시기 전에 저도 그런 식으로 했었습니다. 매주 화요일과 목요일에 전도하러 나갔었고 주일에는 교회에서 제가 주님께 인도한 사람들의 숫자를 사람들 앞에서 보고하곤 했습니다. 그러나 그것은 하나님을 사랑해서 했던 일도 아니고 사람들을 사랑해서 했던 일도 아니었습니다. 하나님께 인정받으려고 했던 일이었습니다. 저의 자존감을 높여보려고 사람들이 보내는 찬사를 의지했던 것입니다. 그러나 주님께 완전히 헌신한 뒤로는 전도한 사람들 숫자 세는 일을 그만두었습니다. 더 이상 저 자신이 중요하지 않았으니까요. 제가 사랑하는 하나님을 그들도 알게 되길 원했습니다. 그들의 유익을 위해 그들이 하나님의 사랑과 구원을 경험하길 바란 것입니다.

　이사야 48장 11절은 이렇게 말합니다. "나는 나를 위하며 나를 위하여 이를 이룰 것이라 어찌 내 이름을 욕되게 하리요 내 영광을 다른 자에게 주지 아니하리라" 앞서도 언급했지만 하나님은 그분의 영광을 다른 이들과 나누지 않으십니다. 그분의 이름이 오염되게 하지 않으십니다. 하나님은 우리를 사랑하십니다(롬 5:5). 그분이 우리를 부르신 것은 "우리 주 예수 그리스도의 영광을 얻게 하려"는 것입니다(살후 2:14). 하나님은 우리에게 성령님을 보내주셨고 예수님께서 하나님의 아들로서 가지셨던 것과 동일한 권세를 우리에게 주셨습니다. 그러나 우리에게 영광을 돌리려고 그렇게 하신 것이 아닙니다. 그분의 아들에게 영광을 주시려 한 것입니다(요 17:1).

오래전에 주께서 저에게 말씀하시길 주님의 목적은 세상에 저를 알리는 것이 아니라고 하셨습니다. 제가 사람들의 시선을 주님께로 돌리고 그분의 이름을 알리는 한, 그리고 말씀을 나누며 사람들을 자유케 할 진리를 말하는 한 하나님은 저를 세상에 알리시고 이 사역을 확장하셔서 더 많은 사람들에게 다가가도록 하실 것입니다. 목적은 저에게 영광을 돌리는 것이 아니라 예수님께 영광을 돌리는 것입니다.

많은 사람들이 왜 하나님께서 그들을 위해 사역의 문을 열어주지 않으시냐고 하는데 그 이유는 대부분 그들의 목적이 예수님을 알리는 것이 아니기 때문입니다. 그들은 자신을 알리고 싶어 합니다. 그리고 하나님께서 그것을 아십니다. 자기에게 공을 돌리고자 하는 유혹, 자기를 알리고 자기의 이익을 보장받으려는 유혹에 우리가 직면한다는 것을 하나님께서 아십니다. 그래서 스스로를 훈련하여 겸손해질 때까지 주님은 우리를 리더십의 자리에 올려주지 않으십니다. 준비되지 않은 채 영향력을 가지면 그것이 우리를 파멸로 몰고 가기 때문이며 우리 주변 사람들까지 상하게 하기 때문입니다. 그런 상태에서는 우리가 교만의 유혹을 감당하지 못할 것이며 그런 일이 일어나도록 하기에는 하나님께서 우리를 너무 사랑하십니다.

17
하나님의 선택

　복습하자면, 겸손은 하나님을 의지하는 것입니다. 참된 겸손은 자기의 명철을 의지하지 않고(잠 3:5) 말씀을 믿고 말씀에 순종합니다. 자기 마음대로 해버린 뒤 잘못된 결정에 따른 결과로부터 피할 길을 달라고 기도하는 것은 겸손이 아닙니다. 겸손은 먼저 하나님께 나아갑니다. 시편 10편 4절은 이렇게 말합니다. "악하고 교만한 자들은 하나님을 찾지 않습니다. 그들의 머릿속에는 도무지 하나님이 계시지 않습니다."(쉬운성경) 교만한 사람은 하나님을 찾지 않습니다. 하나님의 방법이 자기의 욕망을 채워주지 않는 한, 그것을 신경 쓰지도 않고 생각하지도 않습니다.

　교만, 즉 하나님으로부터의 독립은 사단의 원죄였습니다. 사단은 하나님의 방법을 거부하고 하나님의 영광을 취하려 했습니다. 그러나 참된 겸손은 하나님께 영광 돌립니다. 겸손은 자기를 높이거나 알리려 하지 않습니다. 겸손은 관심에 굶주려 있지 않으며 타인의 의견을 염려하지 않습니다. 겸손은 진리를 말하며 사람의 거절과 비난을 신경 쓰지 않습니다. 모세가 그랬듯, 겸손은 이렇게 말합니다. "주님, 주께서 저와 함께 가지 않으시면 저도 가지 않겠습니다! 당신 없이 저는 아무것도 할 수 없습니다."(출 33:15)

하나님은 겸손한 자들을 택하십니다. 하나님 없이 자신은 아무것도 아니라는 것을 알아 그분만 의지할 자들을 택하십니다. "하나님, 제가 감당할 수 있습니다. 저를 소개만 해 주신다면 그 뒤로는 제가 알아서 하겠습니다." 이런 자들은 교만한 자들입니다. 사도 바울은 이렇게 말했습니다.

> 형제들아 너희를 부르심을 보라 육체를 따라 지혜로운 자가 많지 아니하며 능한 자가 많지 아니하며 문벌 좋은 자가 많지 아니하도다 그러나 하나님께서 세상의 미련한 것들을 택하사 지혜 있는 자들을 부끄럽게 하려 하시고 세상의 약한 것들을 택하사 강한 것들을 부끄럽게 하려 하시며 하나님께서 세상의 천한 것들과 멸시 받는 것들과 없는 것들을 택하사 있는 것들을 폐하려 하시나니 이는 아무 육체도 하나님 앞에서 자랑하지 못하게 하려 하심이라 고린도전서 1:26-29

우리는 하나님 없이 아무것도 할 수 없음을 알아야 하지만 (요 15:5) 하나님은 결코 우리를 떠나지 않으신다는 진리로 균형을 잡아야 합니다(히 13:5). 종교는 우리의 좋은 점들과 우리가 이룬 좋은 것들을 모두 부인해야 한다고 가르쳐 왔는데 그것은 거짓 겸손일 뿐입니다. 참된 겸손은 좋은 것을 인식하며 그 좋은 것이 어디로부터 왔는지도 인식합니다.

진리를 부인하는 것은 겸손이 아닙니다. 예수님께서 이런 말씀을 하셨습니다. "나는 그분을 안다. 내가 그분을 알지 못한다고 말하면, 나도 너희처럼 거짓말쟁이가 될 것이다."(요 8:55, 새번역) 하나님께서 우리에게 주신 좋은 것들을 인정하는 것에는 아무런 문제가 없습니다. 우리의 섬김으로 누군가의 인생이 변화되었거나, 열심히 일해서 사업에 성공하고 신실한 가정을 일궜거나, 훌륭한 업무능력으로 고용주에게 축복이 되었다면 그것을 인정하는 것에는 아무런 문제가 없습니다. 겸손함을 유지하기만 하면 됩니다. 겸손은 하나님께서 우리를 통해 하신 좋은 일들을 부인하지 않으면서도 모든 일에 있어서 하나님께 영광을 돌립니다.

예를 들어 누군가 육상 경기에서 우승했다면 사람들이 축하할 때 "아, 저는 아무것도 한 게 없어요."라고 말하는 것은 잘못된 것입니다. 경기에서 이겼다면 이긴 것입니다. 그것을 인정하는 것에는 아무런 문제가 없습니다. 하나님께서 경기에 필요한 재능과 건강을 주셨다는 사실을 인식하는 한 말입니다.

겸손한 사람은 마음이 견고합니다. 쉽게 상처받지 않습니다. 자기 아성을 쌓으려 하지 않는 사람을 위축시키기란 어려운 일입니다. 사람들이 뭐라고 하든, 그들에게서 무언가를 앗아가려 하든 그들은 신경 쓰지 않습니다. 그들은 자신이 가지고 있는 하나님과의 공고한 관계를 아무도 뺏을 수 없다는 것을 압니다. 아무도 그분의 말씀을 무효로 만들 수 없다는 것을 압니다. 그리고 그 외에는 별로 중요하지 않다는 것을 알고 있습니다. 이런 자들이라면 하나님께서 쓰실 수 있습니다.

모세가 죽은 뒤 이스라엘 백성을 이끌고 갈 임무가 모세의 시종이었던 여호수아에게 주어졌습니다. 모세는 사람들에게 존경받던 인물이었습니다. 하나님께서 이스라엘 백성을 애굽의 노예 신분으로부터 꺼내주실 때, 그를 쓰셨습니다. 모세는 사람들을 이끌고 홍해를 건넜고 사막 한가운데를 지나 바위에서 물을 내기도 했습니다. 하나님과 얼굴을 맞대고 대화도 했으며 백성들에게 율법을 주었고 내부의 반란자들을 납작하게 만들어 버리기도 했습니다. 이런 그의 역할을 이어받는다는 것은 매우 힘든 일이란 뜻이지요! 그러나 여호수아는 신실한 증인임을 증명한 사람이었습니다. 모세를 40년간 섬기면서 그러한 자신의 위치를 하나님께서 주신 것으로 받아들였고 권위를 찬탈하려 한 적이 없었습니다. 그는 겸손했습니다. 여호수아 1장을 보면 주께서 그에게 말씀하시는 장면이 나옵니다.

> 내 종 모세가 죽었으니 이제 너는 이 모든 백성과 더불어 일어나 이 요단을 건너 내가 그들 곧 이스라엘 자손에게 주는 그 땅으로 가라 내가 모세에게 말한 바와 같이 너희 발바닥으로 밟는 곳은 모두 내가 너희에게 주었노니… 네 평생에 너를 능히 대적할 자가 없으리니 **내가 모세와 함께 있었던 것 같이 너와 함께 있을 것임이니라** 내가 너를 떠나지 아니하며 버리지 아니하리니 여호수아 1:2-3, 5

하나님은 겸손한 자를 높이십니다. 여호수아가 이스라엘의 지도자 역할을 맡게 되었을 때 주께서 그에게 말씀하시길, 그가 이스라엘 백성을 이끌고서 하나님께서 그들에게 약속하신 땅을 정복할 것이라고 하셨습니다. 그리고 하나님은 모세와 함께하셨던 것처럼 여호수아와도 함께 하시겠다고 약속하셨습니다. 그리고 이후에 여호수아 3장 7절에서 이렇게 말씀하십니다. "내가 오늘부터 시작하여 너를 온 이스라엘의 목전에서 크게 하여 내가 모세와 함께 있었던 것 같이 너와 함께 있는 것을 그들이 알게 하리라" 여호수아가 겸손했기 때문에 하나님께서 그를 크게 해 주셨고 그 결과 백성들이 그것을 보며 그의 리더십을 존중했던 것입니다.

한때 저는 사람을 높이는 것honor은 잘못된 것이라고 생각했습니다. 하나님만 높여야 한다고 생각했던 것이지요.

오래전에 아내와 저는 친구 목사님의 사역 40주년을 기념honor하는 예배에 초대받았습니다. 거기서 몇 마디 해 달라는 요청을 받았는데 무슨 말을 해야 할지 고민됐습니다. 사람에게 영광honor을 돌림으로써 하나님의 영광을 빼앗고 싶지 않았습니다. 그때 주께서 사무엘상 2장 30절을 생각나게 하셨습니다. "나를 존중히 여기는honor 자를 내가 존중히 여기고 나를 멸시하는 자를 내가 경멸하리라" 그때, 하나님을 존중히 여기는 사람을 존중히 여기는 것에는 아무런 문제가 없음을 깨달았습니다.

하나님께서 여호수아를 이스라엘 사람들의 눈에 크게 하겠다고 하신 말씀이 바로 그 뜻입니다. 여호수아가 모세를 섬김으로써 하나님을 존중히 여겼기 때문에 하나님께서도 여호수아를 존중히 여기신 것입니다. 야고보서 4장 10절 기억하시지요? "주 앞에서 낮추라 그리하면 주께서 너희를 높이시리라" 하나님 나라의 법에 따르면 우리가 스스로를 겸손하게 하여 섬기는 자가 될 때, 하나님께서 우리를 높여주십니다.

주께서 여호수아에게 그를 크게 하시겠다고 말씀하셨을 때 그가 "아니요, 하나님. 저는 어떤 영광도 원치 않습니다. 모든 영광은 당신께만 가야 합니다."라고 했다면 그것은 교만입니다. 하나님과 논쟁하면서 하나님께서 주신 리더십에 따라오는 책임과 영광을 거절하는 것은 교만입니다.

2002년에 주께서 저의 마음에 말씀하시길, 이제 사역을 확장할 때가 되었다고 하셨습니다. 그때 우리는 임계점에 도달해 있었습니다. 새 건물로 확장해 가지 않는다면 어떻게 될지 모르는 상황이었고 결정은 제가 내려야 했습니다. (전체 내용은 저의 책 「하나님을 제한하지 마라」에 수록되어 있습니다.) 제가 그동안 이 사역을 통해 성취해 온 것에 대해 책망하신 것은 아닙니다. 다만 하나님께서 하고자 하시는 일이 더 많이 있는데 저의 협소한 생각이 그분을 제한하고 있다고 알려 주신 것입니다(시 78:41). 주님이 저를 높이시지 못하게 제가 막고 있었던 것이지요.

그때쯤에 오클라호마주 털사Tulsa에 있는 라디오 프로그램에 출연해 달라는 초대를 받았습니다. KNYD 방송에서 렌 밍크와 캐시 밍크 부부가 저를 인터뷰하기로 되어 있었습니다. 렌과 캐시를 직접 만나 본 적은 없었지만 수십 년 전부터 그들에 대해 알고 있었습니다. 렌은 케네스 코플랜드Kenneth Copeland의 예배 팀을 인도했었고 그들 부부는 매우 영향력 있는 사람들이었습니다. 그들과 인터뷰하는 동안 약간 연예인을 보는 듯한 기분이었는데 그들이 저를 소개할 때는 정말 당황했습니다. 렌이 말하길 수년 전에 라디오에서 저의 설교를 듣게 된 뒤, 주께서 저의 사역을 통해 그에게 많은 영향을 미쳤다고 했거든요. 하나님께서 저를 쓰셔서 렌 밍크 같은 사람의 삶을 만지셨다는 것은 생각만으로도 저를 압도했습니다.

인터뷰를 마치고 함께 식사하러 나갔는데 그때 하나님께서 저를 쓰셔서 그의 삶을 만지셨다는 것에 제가 얼마나 놀랐는지 얘기했습니다. 그러자 렌이 저를 보며 이렇게 말했습니다. "수십 년간 라디오 방송을 하셨잖아요. 미국 전역에 있는 사람들에게 사역했는데 하나님께서 당신을 쓰셔서 저에게 은혜를 끼치셨다는 것이 왜 놀랍다는 겁니까?" 그의 말은 일리가 있었습니다. 다만 제가 그렇게 생각하면 안 된다고 여겼던 것이지요. 하나님께서 저를 존중히 여겨 주시는 것을 제가 막아 왔던 것입니다. 지금도 저의 타고난 성향으로는 뒤에 숨고 싶지, 강단에 서고 싶지 않습니다. 그러나 하나님은 저의 능력을 넘어서는 일을 하도록 저를 부르셨고 그 일은 겸손을 요구합니다.

여호수아가 이스라엘 백성을 인도하여 여리고 전투에서 승리했을 때(수 6장) 백성들에게 그 어떤 전리품도 취하지 말고 그것을 첫 열매로 주님께 드리라고 명령했습니다. 백성들은 이에 동의했지만 아간은 자기가 가지려고 은과 금, 그리고 외투를 취했습니다(수 7장). 자신의 장막에 그 물건들을 숨겼던 것입니다. 그리고 다음 전투였던 아이에서 이스라엘은 패배합니다. 그것은 이해하기 힘든 일이었습니다. 아이는 아주 작은 성이었기 때문에 더 쉽게 이길 수 있었습니다. 그러나 아이 군대가 이스라엘 장병 36인을 죽였고 나머지는 겁을 먹고 도망갔습니다.

여호수아는 이 말을 듣고 주님 앞에 엎드렸습니다. 그러자 주께서 말씀하셨습니다. "일어나라 어찌하여 얼굴을 땅에 대고 엎드렸느냐? 이스라엘이 나에게 죄를 범하였다. 그들이 내 것을 도둑질하여 그것을 그들의 물건들 가운데에 두었느니라. 여호수아야, 네가 지도자 아니냐. 그러니 이 일을 해결하여라. 그렇게 하지 않으면 이 백성을 약속의 땅으로 인도하는 일에 더 이상 너를 쓸 수가 없다."(수 7:10-12 참고)

하나님은 자신을 겸손하게 하여 옳은 일을 행하는 자들을 지도자로 택하십니다. 그분을 의지하는 자들을 지도자로 택하십니다. 아간이 무슨 짓을 했는지 알게 된 여호수아는 그에게 이렇게 말했습니다. "내 아들아 청하노니 이스라엘의 하나님 여호와께 영광을 돌려 그 앞에 자복하고 네가 행한 일을 내게 알게 하라 그 일을 내게 숨기지 말라"(수 7:19) 다른 말로, 아간에게 진실을 말하라고 한 것입니다. 진실을 말하는 것이 하나님을 영화롭게 합니다. 여기서 여호수아가 하지 않은 일이 무엇인지 보십시오. 그는 아간이 어떻게 나올지 신경 쓰지 않았습니다. 다만 하나님께 순종할 뿐이었습니다. 여호수아는 아간을 달래는 것보다 하나님을 존중히 여기는 것을 생각했던 것입니다. 그리고 이렇게 하나님을 존중히 여기는 자들을 하나님께서 존중히 여기십니다(삼상 2:30).

18
겸손은 감사한다

 이렇게 생각하는 사람들도 있을 것입니다. '알겠습니다. 그러니 이제 다른 주제로 좀 넘어가시지요.' 그러나 겸손에 대한 하나님의 말씀은 더 많이 언급되어야 합니다. 로마서 10장 17절은 "믿음은 들음에서 나며 들음은 그리스도의 말씀으로 말미암았느니라"고 했습니다. 그러니까 믿음은 우리가 말씀을 들을 때 (그리고 듣고 또 들을 때) 온다는 말입니다. 우리는 반복을 통해 배웁니다. 게다가 겸손은 우리 문화에서, 그리고 교회 안에서 거의 논하지 않는 주제이기 때문에 계속해서 들어야 합니다.

 전에 작은 교회에 부임한 어떤 목사님 이야기를 들은 적이 있습니다. 그 교회가 후임자를 결정하는 절차에는 예배 때 직접 설교하는 순서가 있었습니다. 그래서 그 목사님이 요한복음 3장 16절에 대해 설교했는데 모두 말씀이 훌륭하다고 생각하여 그분을 목사님으로 청빙했습니다. 그리고 첫 번째 주일날, 그 목사님은 같은 설교를 했습니다. 요한복음 3장 16절이지요. 사람들은 그 목사님이 자신이 무슨 설교를 했었는지 잊어버렸다는 사실에 의아해했지만 아무 말도 하지 않았습니다. 그리고 그다음 주에 목사님은 또 요한복음 3장 16절을 설교했습니다. 그러자 사람들이 수군대기 시작했습니다. "또 저러시네. 이제는 말씀을 드려야 해." 그다음 주에 목사님이 같은 설교를 네 번째 반복하자 사람들은 더 이상 참을 수 없었습니다. 그들은 장로님들에게 가서 말했습니다. "장로님들이 목사님께 말씀 좀 드리세요. 목사님이 요한복음 3장 16절밖에 모르시는 건 아니잖아요."

그래서 장로님들이 목사님께 직접 가서 말씀드렸습니다. "목사님, 지금까지 여기서 네 번 설교하셨는데 모든 설교가 전부 똑같았습니다. 이제 요한복음 3장 16절은 그만 듣고 싶습니다. 다른 말씀은 모르십니까?"

그러자 목사님이 대답했습니다. "여러분들이 요한복음 3장 16절대로 살면, 그때 다른 설교를 하지요."

그 목사님은 매우 지혜로운 분이었습니다. 우리가 하나님 말씀의 한 가지 진리를 참으로 이해하고 적용할 때까지 계속해서 그 말씀에 머문다면 우리의 삶은 변화될 것이라고 장담할 수 있습니다. 그러나 안타깝게도 대부분의 사람들은 지식만을 갈

구합니다. 그 지식을 역사하게 하는 데는 그만큼 관심이 없습니다. 그래서 지금 겸손을 설명하는데 이렇게 많은 시간을 할애하고 있는 것입니다. 하나님은 우리에게 길을 보이셨고 우리는 그것을 실행해야 합니다(미 6:8).

겸손의 또 다른 모습은 감사입니다. 다음의 누가복음 말씀을 보십시오.

> 예수께서 예루살렘으로 가실 때에 사마리아와 갈릴리 사이로 지나가시다가 한 마을에 들어가시니 나병환자 열 명이 예수를 만나 멀리 서서 소리를 높여 이르되 예수 선생님이여 우리를 불쌍히 여기소서 하거늘 보시고 이르시되 가서 제사장들에게 너희 몸을 보이라 하셨더니 그들이 가다가 깨끗함을 받은지라 그 중의 한 사람이 자기가 나은 것을 보고 큰 소리로 하나님께 영광을 돌리며 돌아와 예수의 발 아래에 엎드리어 감사하니 그는 사마리아 사람이라 예수께서 대답하여 이르시되 열 사람이 다 깨끗함을 받지 아니하였느냐 그 아홉은 어디 있느냐 이 이방인 외에는 하나님께 영광을 돌리러 돌아온 자가 없느냐 하시고 그에게 이르시되 일어나 가라 네 믿음이 너를 구원하였느니라 하시더라   누가복음 17:11-19

이것은 예수님께서 열 명의 문둥병자를 치유하신 내용입니다. 이 사건은 유월절에 예수님께서 예루살렘으로 들어가실 때 일어난 것으로 주님은 사마리아와 갈릴리 경계에 있는 마을에서 한 무리의 문둥병자들과 마주치셨습니다. 이 중에 대부분은 유대인이겠지만 최소한 한 명은 사마리아인으로 나옵니다(눅 17:16).

보통 유대인들은 사마리아인들과 교류하지 않았기 때문에 이들 중에 사마리아인이 끼어있다는 사실은 매우 흥미롭습니다. 문둥병자라는 같은 처지로 인해 그들의 전형적인 문화적 분열도 큰 의미가 없었던 것입니다. 이 문둥병자들이 예수님께 긍휼을 구하자 그들의 울부짖음을 들으신 예수님께서 이렇게 말씀하십니다. "가서 제사장들에게 너희 몸을 보이라 하셨더니 그들이 가다가 깨끗함을 받은지라"(눅 17:14) 이들은 처참한 상황 속에서도 예수님의 말씀을 믿었습니다. 그리고 제사장에게 자신들을 보이기 위해 (또는 예수님의 말씀에 순종하기 위해) "가다가" 치유되었습니다.

그렇다면 그 사마리아인은 본문에 왜 다시 언급되었을까요? 사마리아인들은 하나님의 언약을 받은 자들이 아닙니다. 그렇기 때문에 그들은 하나님의 약속을 의지할 수 없었습니다. 성전에서 예배할 수도 없었고 예물을 드릴 수도 없었습니다. 그들은 추방되고 욕을 먹던 자들입니다. 그럼에도 불구하고 이 사마리아인은 예수님의 말씀에 순종했던 것입니다!

게다가 그는 자기가 나은 것을 보고 큰 소리로 하나님께 영광 돌리며 돌아와 예수의 발아래 엎드려 감사했습니다(눅 17:15-16).

그리고 예수님께서 이렇게 말씀하십니다. "열 사람이 다 깨끗함을 받지 아니하였느냐 그 아홉은 어디 있느냐 이 이방인 외에는 하나님께 영광을 돌리러 돌아온 자가 없느냐"(눅 17:17-18) 어쩌면 이 사마리아인은 성전에 있는 제사장들에게 갈 수 없었기 때문에 예수님께 돌아왔을지도 모릅니다. 아니면 예수님이 대제사장인 것을 알아보고(히 6:20) 짐승의 제사 대신 예수님께 찬양의 제사를 드린 것일 수도 있습니다(히 13:15). 어찌됐든 이 사마리아인의 감사는 하나님께 영광이 되었습니다(시 50:23). 이것이 바로 겸손한 자가 하는 일입니다.

저는 감사하지 않은 나머지 아홉 명의 문둥병자들을 이해할 수가 없습니다. 아내와 제가 잠시 쉴 수 있는 시간이 날 때면 주로 집에 머물면서 조용히 하나님과의 관계를 누리고 서로의 관계를 누립니다. 저는 주로 집 주변을 걸으면서 혼자만의 시간을 가질 수 있는 것에 대해 하나님께 감사하고 아름다운 날을 주신 것에 대해 감사를 드립니다. 그러다가 하나님께서 그동안 하신 일들을 떠올리면 저는 감사로 압도됩니다. 그것이 저를 겸손하게 해줍니다.

물론 사람들이 하나님이 어떤 분인지 잘 몰라도 주님은 놀라지 않으신다는 것을 저도 잘 압니다. 하나님께서 하신 일에 대해 사람들이 감사하지 않아도 그분은 낙심하지 않으신다는 것도 잘 알고요. 하지만 우리가 하나님께 감사할 때 그것이 하나님을 기쁘시게 합니다. 하나님은 그분의 백성들의 찬양 가운데 거하십니다(시 22:3). 시편 100편 4절도 이렇게 말합니다. "감사함으로 그의 문에 들어가며 찬송함으로 그의 궁정에 들어가서 그에게 감사하며 그의 이름을 송축할지어다" 바울은 이렇게 권면했습니다. "주 안에서 항상 기뻐하라 내가 다시 말하노니 기뻐하라"(빌 4:4) 찬양은 하나님께 속한 것이고 그분의 백성으로서 우리는 마땅히 감사해야 합니다(시 29:2).

우드랜드 파크에 캐리스 바이블 칼리지의 두 번째 건물을 세우는 과정 중에 재정이 바닥나버려서 건축이 중단되는 일이 있었습니다. 그때 저는 공사가 완성되지 못한 대강당 내부를 거닐면서 하나님께서 이미 완성해 주신 일에 대해 감사하며 그분을 찬양했습니다. 저는 낙심하지 않았습니다. 두 번째 건물도 완성될 것을 알았기에 완성된 첫 번째 건물을 쓸 수 있다는 것에 대해 감사했습니다. 그리고 우리 일을 맡은 건축업자가 재정 문제로 예측이 불가능한 우리 쪽의 스케줄에 맞춰 기꺼이 공사를 진행해 준 것에 대해 하나님께 감사했습니다. 또한 우리 단체 후원자님들과 그동안 모금된 재정에 대해 하나님께 감사했습니다. (우리 단체는 운영비로만 매달 수백만 달러가 필요한데 당시에는 캐리스 건축 프로젝트에 5천만 달러를 추가로 지출하고 있었습니다.)

그때 대강당에서 이미 가진 것들에 대해 하나님께 감사하는 동안 저의 믿음이 성장했습니다. 하나님께서 그분의 말씀을 신실하게 증명하신 모든 순간들을 기억했습니다(살전 5:24). 그리고 또 그렇게 하실 것을 알았습니다. 저는 제가 하나님께서 부르신 바로 그 일을 하고 있다는 것에 대해 의심한 적도, 머뭇거린 적도 없었습니다(엡 2:10). 그분이 시작하신 일은 그분이 완성하신다는 확신이 있었습니다(빌 1:6). 우리가 감사할 때 바로 이런 일들이 일어납니다. 감사는 우리를 믿음 가운데서 강하게 해 줍니다(골 2:7).

감사하는 자가 되어 하나님께 영광 돌리면 우리 삶의 공급자는 하나님이라는 사실이 더욱 분명해집니다. 감사할 때 우리는 마귀의 사정권에서 벗어나게 되고 내 문제의 해결책에 대한 책임을 하나님께 올려드리게 됩니다. 거기가 제자리니까요. 마귀가 "네가 그걸 할 수 있겠냐?"라고 참소할 때 이렇게 받아치십시오. "내가 하는 것이 아니다. 하나님께서 이 좋은 일이 일어나게 하셨고 공급자는 하나님이시기 때문에 너는 그분을 막을 수 없어!" 그러나 감사하지 않고, 하나님과 다른 사람들의 공로를 인정하지 않고, 항상 요구하는 태도로 상대에게 존경과 감사를 받으려고만 한다면 그것은 교만하다는 증거입니다.

오만은 아닐 수 있고 딱히 내가 다른 사람보다 낫다고 생각하는 것은 아닐 수 있지만 그것은 자기중심적인 것입니다. 하나님을 공급자로 보지 않고 내 삶에 타인들의 기여를 인정하지 않는 것입니다. 만약 지금 그렇게 하고 있다면 자신을 겸손하게 하십시오.

전에 류머티즘으로 온몸이 굽은 여성을 위해 기도한 적이 있습니다. 그분은 여러 합병증으로도 고생했고 의사는 살날이 일주일도 남지 않았다고 했습니다. 그분의 몸은 통증으로 인해 심하게 굽었고 관절은 비틀어져 있었습니다. 거의 8년간 단단한 음식을 먹지 못했다고 했습니다. 그런데 제가 기도하자 그 즉시 치유되었습니다. 자리에서 벌떡 일어나더니 이리저리 걸었습니다. 심히 굽었던 손은 그 뒤로 일주일 만에 완전히 정상으로 돌아왔고 다른 류머티즘 증상들도 사라졌습니다. 그러나 예수님과 문둥병자들의 이야기처럼 저는 그분을 두 번 다시 보지 못했습니다. 그분은 제가 인도하는 집회에도 찾아오지 않았습니다. 우리 단체에 편지를 보내거나 전화를 걸어 감사를 전하지도 않았습니다. 그랬다고 제가 사람들을 위해 기도하는 일에 대해 낙심한 것은 아니지만 그분이 시간을 내어 감사하는 것은 마땅한 일이었습니다.

슬픈 것은, 많은 사람들이 주님께 그렇게 하고 있다는 것입니다. 죽고 사는 위기에 처했을 때 하나님께서 구해주셨는데 그들은 하나님께 감사하지 않고 곧바로 원래 하던 대로 돌아갑니다. 하나님의 신실하심에 대해 다른 이들에게 말하지도 않습니다. 아무 변화도 없는 것이지요. 그것은 교만입니다.

히브리서는 우리에게 감사에 대해 몇 가지 알려줍니다.

> 그러므로 우리는 예수로 말미암아 항상 찬송의 제사를 하나님께 드리자 이는 그 이름을 증언하는 입술의 열매니라 오직 선을 행함과 서로 나누어 주기를 잊지 말라 하나님은 이같은 제사를 기뻐하시느니라   히브리서 13:15-16

우리가 감사할 때 주님께 기쁨이 됩니다. 그러나 우리가 자기만 생각할 때, 그리고 하나님께서 하신 일에 대해 감사하지 않거나 하나님께서 우리 삶 가운데 보내주셔서 우리를 섬기고 격려해 준 사람들에 대해 감사하지 않을 때 그것은 교만한 것이며 이기적이고 자기중심적인 것입니다.

예수님은 받는 것보다 주는 것이 더 복되다고 하셨는데(행 20:35) 교만한 사람은 받을 생각만 합니다. 자기의 필요만 생각합니다. 보수를 받을 때도 감사하지 않습니다. '내가 일해서 번 건데?'라고 생각합니다. 아내와 저는 사례비를 받을 때마다 감사합니다. 너무 가난하던 시절이 있었거든요. 사역 초창기 때 거의 굶어 죽을 뻔했습니다. 아내가 임신 8개월이었는데 일주일 이상 아무것도 먹지 못한 적이 있습니다. 저는 그때를 잊지 않습니다. 얼마 전에는 아내가 외출 중이어서 저녁을 직접 차려 먹었는데 전자레인지에 냉동식품을 돌리면서 그것도 못 사 먹던 시절을 생각했습니다. 그래서 하나님의 축복에 감사드렸습니다. 이제는 레스토랑도 갈 수 있고 마트에서 무엇이든 원하는 것을 살 수 있기에 하나님께 감사드렸습니다. 이것이 겸손입니다.

  식사 기도든 아니면 마트 같은 데서 예의 바르게 행동하는 것이든 감사를 연습하고 실행하는 것은 매우 훌륭한 습관입니다. 물론 식사 기도를 안 하면 안 된다는 주장은 아닙니다. 감사를 안 한다고 지옥 갈 사람은 없으니까요. 다만 감사가 겸손의 한 부분임은 틀림없습니다.

19
겸손은 하나님께 영광 돌린다

로마서 1장의 뒷부분은 (저의 책「하나님의 충만함 안에 거하는 열쇠」에서 자세하게 다뤘는데) 교만의 결과에 관한 가장 완성도 높은 설명 중 하나입니다(롬 1:18-32). 겸손하기를 거절한 사람의 마음에 어떤 일이 일어나는지 잘 설명해 주고 있습니다. 그리고 그것의 요점을 이렇게 설명합니다.

> 하나님을 알되 하나님께 합당한 영광을 돌리지 아니하고 감사치도 아니하며, 도리어 그들의 상상들이 허망하여지고 그들의 어리석은 마음이 어두워졌나니
>
> 로마서 1:21, 한글킹제임스

겸손하지 않으면 하나님께 영광 돌리지 않고 감사를 실행하지도 않으며 그것은 어리석은 것입니다. 교만이 마음 깊이 뿌

리내리면 결국 생각이 왜곡되어 더 이상 좋은 것을 좋은 것으로 인식하지 못하게 됩니다. 그러면서 점차 하나님에게서 멀어지고 그 결과 더 이상 양심의 가책도 받지 않아 종국에는 버림받은 바 됩니다. 이것이 로마서 1장 뒷부분의 설명인데 이 모든 일이 일어나게 된 계기는 하나님께 영광 돌리지 않고 감사하지 않았기 때문입니다.

로마서 1장 21절에 '영광 돌리다(한글 킹제임스)'로 번역된 헬라어는 "영광스럽게 하다 또는 영광스럽게 높이다"라는 뜻입니다(스트롱 성구 사전). 무언가에 영광을 돌린다는 것은 그것에 '높은 가치를 둔다, 또는 그것을 귀중히 여긴다'는 뜻입니다. 바울은 바로 그 단어를 로마서 11장 13절에서도 썼습니다. "내가 이방인의 사도인 만큼 내 직분을 **영광스럽게 여기노니**" 다른 말로 겸손은 하나님께 영광을 돌리고 하나님을 광대하시다 하며 하나님께 높은 가치를 두는 것입니다.

로마서 11장 13절을 다시 한번 봅시다. "내가 이방인인 너희에게 말하노라 내가 이방인의 사도인 만큼 내 직분을 영광스럽게 여기노니" 이것을 교만하다고 보는 사람들이 있을 수도 있지만 바울의 이 말이 교만이 아니라는 것을 이제 이해하셨을 것입니다. 그는 이방인의 사도가 맞습니다. 그것이 그를 향한 하나님의 부르심이었고(행 9:15) 교회의 장로들이 바울에게 부탁한 대상이 바로 이방인들이었습니다(갈 2:7-9). 이 구절에서 바울은 자기를 높이고 있는 것이 아닙니다. 하나님께서 그에게 주신 자신의 직분을 높이고 있습니다.

세가 아는 사람들 중에도 지속적으로 자기를 높이는 사람들이 많습니다. 누군가 존경을 받거나 성취한 일이 있을 때 이 사람들은 그 대화에 얼른 끼어들어 자신의 업적에 대해 말하기 시작합니다. 자기가 영광 받지 못할 때 다른 사람들이 영광 받는 것을 못 견디는 것입니다. 예를 들어 잘 나가는 고등학생 미식축구 선수가 빠른 달리기 실력으로 장학금을 받고 대학에 진학했다고 해봅시다. 이 사람이 "내가 고등학생 때 말이야…"라면서 잘난 척하는 것은 교만입니다. 자기 자신을 위해 영광을 구하는 것이기 때문입니다. 겸손한 사람이라면 다른 사람들이 영광을 얻도록 하고 자기가 이룬 업적에 대해 관심받으려 하지 않습니다.

우리가 무엇을 강조하든, 강조하는 것이 더 커지기 마련입니다. 우리가 자아를 강조하면 육신적인 동기와 욕망이 (그에 따른 감정과 함께) 커집니다. 그러나 우리가 주님을 광대하게 하면 그분이 커집니다. 물론 우리가 확대경으로 어떤 물건을 본다고 해서 그것이 진짜로 커지는 것이 아니듯 우리가 하나님을 광대하게 한다고 해서 그분의 크기나 중요성이 바뀌는 것은 아닙니다. 우리가 하나님을 믿고 그분을 광대하게 하든 아니든, 하나님은 언제나 동일하십니다(히 13:8, 약 1:17).

또한 동시에 망원경의 양쪽 끝으로 볼 수 없듯이 하나님과 자신에게 동시에 영광 돌리는 것은 불가능합니다. 모든 영광과 공로를 자신의 업적에 돌리기로 선택하면 하나님에게 부여하는 가치와 존중은 저절로 낮아집니다. 그러나 진심으로 하나님께 영광 돌리고 감사를 드린다면 우리의 자아는 저절로 잦아듭니다.

세례요한은 이에 관한 훌륭한 본보기입니다. 요한은 예수님의 사촌이었고 엘리사벳과 스가랴의 아들이었습니다. 그의 태생은 기적이었으며 어머니의 태에서부터 하나님께 드려진 사람이었습니다. 또한 이스라엘에게 하나님께로 돌이키라고 외칠 때까지 그는 줄곧 광야에서 살았습니다(눅 3:2-3). 그의 메시지는 너무나 시기적절했고 강력했기에, 이스라엘 사람들이 오랫동안 기다렸던 메시아가 바로 요한이 아닐까하고 생각할 정도였습니다(눅 3:15). 그것에 대해 요한은 이렇게 답했습니다.

> 나는 물로 너희에게 침례를 베풀거니와 나보다 능력이 많으신 이가 오시나니 나는 그의 신발끈을 풀기도 감당하지 못하겠노라 그는 성령과 불로 너희에게 침례를 베푸실 것이요
>
> 누가복음 3:16

요한은 자신이 메시아라고 주장하지 않았습니다. 사람들의

눈에 자신을 높이지도 않았습니다. 그저 "나는 그가 아니다."라고 답할 뿐이었습니다. 그리고 어느 날, 그는 자기에게 다가오시는 예수님을 보고 이렇게 외쳤습니다. "보라 세상 죄를 지고 가는 하나님의 어린 양이로다"(요 1:29) 그러자 요한의 제자 두 명이 예수님을 따라갔습니다(요 1:35).

이렇게 할 수 있는 사역자가 얼마나 될까요? 제가 아는 목사들 대부분은 자기 교회 성도들이 다른 사역자에게 관심을 보이면 난리가 납니다. 그러면서 그 사역자를 비난하고 하찮은 것까지 트집 잡아 깎아내립니다. 또한 교회 성도들이 다른 집회에 가는 것까지 막는데, 전부 열등감 때문입니다.

요한은 그렇게 하지 않았습니다. 그는 자신의 명성을 염려하지 않았습니다. 자신을 높이려 하지 않았습니다. 실제로 예수님께서 세례를 주고 계신다는 말을 들은 서기관들이 요한의 질투심을 유발하려고 했습니다. "얘기 들었습니까? 당신이 증거하는 그 예수가 당신보다 더 많은 사람들에게 세례를 주고 있어요. 사람들이 전부 그에게로 가고 있습니다(요 3:26)." 그러나 요한은 그 미끼를 물지 않았습니다. 오히려 겸손으로 행하며 이렇게 말했습니다.

> 만일 하늘에서 주신 바 아니면 사람이 아무 것도 받을 수 없느니라 내가 말한 바 나는 그리스도가 아니요 그의 앞에 보내

> 심을 받은 자라고 한 것을 증언할 자는 너희니라… 그는 흥하
> 여야 하겠고 나는 쇠하여야 하리라 하니라
>
> 요한복음 3:27-28, 30

요한은 자신이 그리스도라거나 메시아라고 주장한 적이 없었습니다. 그는 하나님께서 그에게 가지셨던 목적과 계획에 만족했습니다. 요한은 오직 하나님께 영광 돌리고자 했습니다. 그가 쇠하여지는 것이 하나님께 더 많은 영광을 돌려드린다면 그렇게 돼야겠지요.

콜로라도스프링스에서 있었던 일인데 어떤 사역자의 집회에 많은 사람들이 모이기 시작했습니다. 그래서 제 친구 목사 하나가 자신보다 더 많은 사람들에게 영향을 발휘하는 그 사역자의 모습을 보고 그를 따르기로 했고 자신의 교회에게도 그렇게 할 것을 독려했습니다. 그리고 그 사역자는 제 친구 목사에게 자신의 스태프가 되어서 사람들을 돌보는 일을 도와달라고 했습니다. 이런 경우는 매우 드물지만, 결과적으로 제 친구 목사의 교회도 번창하여 두 사역자 모두 형통케 됐습니다. 두 사람 모두 자기의 영광이 아니라 하나님의 영광을 추구하는 사람들이었기에 하나님께서 그들을 높여주신 것입니다.

콜로라도스프링스에서 사역하던 또 다른 사역자의 이야기입니다. 수년 전에 그가 순복음 계열의 교회를 개척했는데 콜

로라도스프링스는 오래전부터 성령세례를 인정하는 믿음 기반의 교회를 지지하지 않았습니다. 그래서 그가 교회를 개척했던 시절, 이 지역의 가장 큰 교회들은 교단에 속한 교회들이었습니다. 그런데 이 사역자의 교회 개척은 형통하게 진행됐고 곧 새 건물을 구해야 했습니다. 4백 명가량이 모였던 입당 예배 때는 저도 함께했었는데 그들이 하나님의 은혜와 공급하심에 대해 감사 찬양하는 것을 듣고 있자니 저 역시 매우 기뻤습니다. 그런데 그 예배가 끝나기도 전에 그들의 찬양은 하나님께 영광 돌리는 것에서 "우리가 한 일을 보라!"로 바뀌어버렸습니다. 그것은 매우 언짢은 장면이었습니다.

저는 사무엘상 15장 17절과 23절을 가지고 그 교회에게 예언했습니다. 그 성경 본문은 사무엘이 사울의 교만을 책망하는 부분입니다. "왕이 스스로 작게 여길 그 때에 이스라엘 지파의 머리가 되지 아니하셨나이까… 왕이 여호와의 말씀을 버렸으므로 여호와께서도 왕을 버려 왕이 되지 못하게 하셨나이다" 저는 이렇게 말했습니다. "이 일을 하신 분은 하나님이십니다. 그래서 우리는 영광과 찬양을 하나님께 돌려야 합니다. 그렇지 않으면 순식간에 그분의 은총을 잃어버릴 것입니다." 저의 이 권고는 받아들여지지 않았습니다. 그리고 머지않아 그 교회는 무너졌습니다. 그 목사는 이혼을 했고 가족을 잃었으며 행정직원들은 구속됐습니다. 그리고 그 목사는 생계유지를 위해 화장품을 팔아야 했습니다. 마지막으로 들은 얘기는 그가 죽었다는 것이었습니다.

형제자매 여러분, 교만은 치명적인 것입니다. 하나님의 은혜를 쫓아버리고 파멸로 인도합니다. 그렇다고 수도원에 들어가자는 말은 아닙니다. 우리의 육신만 교정하는 종교적인 집단으로 들어가자는 말도 아닙니다. 성경적인 겸손은 우리에게 메뚜기와 역청만 먹으라고 하지 않습니다. 물론 하나님께서 그렇게 하라고 하시면 순종하십시오. 그러나 저는 하나님을 따를 때 오는 모든 안락과 좋은 것들을 버리고 결핍된 삶을 사는 것이 진정한 겸손이라고 생각하지는 않습니다. 사실, 하나님의 말씀은 우리가 하나님의 능하신 손 아래서 스스로를 겸손하게 하면, 때가 되어 우리를 높이신다고 약속하고 있습니다(벧전 5:6). 하나님은 그분을 존중히 여기는 자들을 존중히 여기십니다(삼상 2:30).

겸손한 사람이란 교만으로 인해 전혀 갈등하지 않는 사람이 아니라 자신의 자아도 다루어져야 한다는 사실을 부인하지 않는 사람입니다. 겸손한 사람은 자아가 존재한다는 것을 인정하지만 그 자아가 우위를 차지하지 못하게 합니다. 그리고 그들은 하나님께 영광 돌리기를 추구하면서 자신보다 남을 낫게 여깁니다(빌 2:3). 하나님의 성품과 그분이 해 주신 모든 일들을 기억하면서 감사를 선택하는 자들입니다. 스스로를 겸손하게 했다면 그에 따라 하나님께서 우리의 삶을 높여주시고 축복해주시는 것을 거절할 수는 없습니다. '형통은 이기적인 것'이라면서 그것을 거절하는 것은 겸손이 아닙니다. 하나님을 경외하는 것도 아니고요. 히브리서는 이렇게 설명합니다.

> 믿음이 없이는 하나님을 기쁘시게 하지 못하나니 하나님께 나아가는 자는 반드시 그가 계신 것과 또한 그가 자기를 찾는 자들에게 상 주시는 이심을 믿어야 할지니라　히브리서 11:6

하나님은 그분을 찾는(seek 추구하는, 역자 주) 자들에게 상을 주십니다. 그분의 자녀들이 겸손의 축복 가운데 사는 것을 보실 때, 그것은 하나님을 기쁘시게 합니다(시 35:27). 항상 생활비 걱정, 기름값 걱정, 먹을 것 걱정뿐이라면 그것은 겸손하지 않다는 증거입니다. 이기적인 것이니까요. 진정한 겸손은 이렇게 말합니다. "나는 충분히 가졌다. 이제 다른 이들을 어떻게 도울까? 하나님의 나라를 이 땅에 확장하기 위해 하나님과 어떻게 동역할 수 있을까?"

> 네 하나님 여호와를 기억하라 그가 네게 재물 얻을 능력을 주셨음이라 이같이 하심은 네 조상들에게 맹세하신 언약을 오늘과 같이 이루려 하심이니라　신명기 8:18

20
겸손은 분노를 가라앉힌다

화가 많은 사람들은 교만한 사람들입니다. 이것이 여러분에게 충격이 될 수도 있겠지만 사실입니다. 우리 사회는 분노를 호르몬이나 성격유형 탓으로 돌리면서 분노가 스스로를 방어하려는 시도라고 여깁니다. 그러나 성경이 가르치는 바는 그것과 다릅니다. 잠언 13장 10절은 "**오직** 교만에 의해서 다툼이 생긴다"(킹제임스 흠정역)고 합니다. **오직**이라는 단어를 주의해 보십시오. 제가 사전도 찾아봤고 성구 사전도 찾아봤지만 그 단어의 뜻은 결국, 다름 아닌 '오직'이었습니다. 다툼이나 분노가 오는 길은 교만 외에는 없습니다. 문제의 뿌리는 교만이며 해결책은 겸손입니다.

전에 콜로라도주 푸에블로Pueblo에서 이 주제에 관해 설교한 적이 있었는데 20년도 더 된 일입니다. 집회를 마친 뒤, 한 남성이 저에게 이렇게 말했습니다. "저는 목사님을 존경합니다.

목사님 사역을 지지하고요. 그런데 분노에 관해서는 목사님이 틀렸습니다. 저는 굉장히 분노가 많은 사람이고 그것 때문에 항상 문제가 생기지만 교만하지는 않아요." 이렇게 느끼는 사람들이 많을 것이라고 생각합니다. 그런데 그것은 **교만**에 대한 우리의 오해와 잘못된 적용 때문입니다.

많은 사람들이 교만을 오만이라고 생각합니다. 물론 오만도 교만이지만 모든 교만이 오만으로 표현되지는 않습니다. 낮은 자존감과 열등감도 교만입니다. 앞서 말씀드렸듯이, 교만은 곧 자기중심적인 사고방식입니다. 교만은 하나님이나 타인들보다 자기에게 집중되어 있습니다.

제가 이 사실을 알게 된 것은 저 자신이 내성적인 사람이었기 때문입니다. 저는 가족이나 가까운 친구가 아닌 사람들과 대화하는 것이 너무나 힘들었습니다. 그 원인이 뭔지 아십니까? 바로 교만입니다. 오직 저 자신만 생각하면서 다른 사람들이 저를 어떻게 생각할까 걱정했기 때문입니다. '내가 멍청한 언행을 하면 어쩌지?' 이것이 모든 수줍음과 열등감의 근원입니다. 자기 자신에게 집중되어 있는 것, 그것이 바로 교만이며 성경 말씀에 따르면 거기서 다툼이 파생됩니다.

전에 어떤 TV 프로를 봤었는데 사형 제도를 없애고자 시청자들을 설득하는 내용이었습니다. 그들은 사형 대신 종신형이 사법적 최고형이 되기를 원했습니다. 저도 사형을 좋아하는 것은 아니지만 사형은 성경적으로 아무런 결함이 없다고 믿습니다. 또한 때로 폭력적인 범죄를 저지하는 적절한 방법이기도 합니다(창 9:5-6). 그리고 저는 그것에 대한 의견이 확고합니다. 그런데도 그 방송을 보는 동안 저의 그 확고한 태도가 흔들렸습니다.

그 프로그램에 한 남성의 사례가 나왔는데 그는 어린 소녀를 강간한 뒤 살해한 사람이었습니다. 그러나 그 프로는 그 사건에 대한 사실에 집중하지 않고 그 남성의 어린 시절에 대해 서사를 만들기 시작했으며 그것은 보는 사람의 마음을 굉장히 짠하게 했습니다. 그 남성의 어린 시절 사진들이 TV 스크린을 지나갈 때 그 순수한 아이가 사형당할 일을 저질렀다는 것은 상상조차 힘들었습니다. 그 아이가 마당에서 뛰노는 모습, 목마를 타고 노는 모습, 나무를 오르며 노는 모습 등, 아이가 자라나는 모습을 보여주었습니다. 그리고 그가 어떤 학대를 받으며 자랐는지 연이어 보여주었습니다. 그로 인해 그 어린 피해자가 점점 범죄자로 변해가는 모습을 보여주다가 다음 장면에서는 어두운 감방 안에서 머리를 움켜쥐고 있는 그 남자의 모습을 보여주었습니다. 저도 그 남자가 불쌍해 보이기 시작했습니다. 그 남자가 저지른 일이 잘못됐다는 것을 알고 그 소녀의 유족들에 대한 마음은 여전했지만 그럼에도 불구하고 그 남자가 불쌍해지기 시작했습니다.

'하나님, 참작할 만한 상황이 너무 많습니다. 더 나은 방법은 없을까요?'

그 프로그램은 제가 믿는 바에 대해 의구심을 갖게 했습니다. 그런데 제가 그런 생각을 하고 있을 때, 주께서 저의 마음에 이렇게 말씀하셨습니다. "앤드류, 만약에 이 남자에게 강간당하고 살해당한 그 소녀의 입장에서 이 프로그램이 그려졌다면 어땠겠느냐? 그 소녀의 어린 시절 사진을 보여줬다면? 인형을 갖고 노는 모습과 눈사람을 만드는 소녀의 모습을 보여줬다면? 고등학교 복도를 따라 소녀의 졸업식을 보여줬다면? 그녀의 약혼자를 보여주고 약혼식 사진을 보여줬다면? 그 둘이 결혼할 계획, 집을 장만할 계획, 그리고 아이들을 가질 계획에 대해 네가 알았다면? 그런데 갑자기 어떤 성도착자가 자기만족을 위해 이 소녀를 강간하고 자기 범죄를 덮으려 살해까지 한 모습을 보여줬다면? 그랬다면 이 프로그램을 본 사람들은 어떤 감정을 가졌겠느냐?"

만약에 그랬다면, 지금 이 남자 쪽의 이야기를 보면서 사형제도에 대해 안타까워하고 있는 바로 그 사람들이 제일 가까이 있는 나무에 이 남자를 달아 교수형에 처하자고 했을 것입니다. 주께서 또 이렇게 말씀하셨습니다. "모든 것이 관점에 달렸다. 그리고 너의 감정은 양쪽 경우에 모두 반응할 것이다."

이것은 다툼에도 적용됩니다. 우리의 감정은 우리가 취하는 관점에 반응합니다. 우리가 교만하고 자기중심적인 관점으로 상황을 바라본다면 우리는 분노하게 될 것입니다. 그 외에 다른 선택은 없습니다. 그러나 상대방의 심정과 상대방의 관점을 이해하려고 한다면 우리 마음은 공감을 하게 되고 긍휼히 행동하게 될 것입니다. 이것이 바로 잠언 13장 10절이 말하는 바입니다. 분노와 다툼, 그리고 싸움을 일으키는 것은 오직 이기적인 시각으로 바라보는 교만뿐입니다.

제가 어렸을 때 저희 형이 저를 거의 죽도록 때리던 시절이 있었습니다. 형이 딱히 나쁜 사람은 아니었지만 분노조절을 못했습니다! 진정이 될 때마다 형은 저에게 사과를 했습니다. "너무 미안하다. 내가 무슨 짓을 하는 것인지 몰랐어. 너를 아프게 하고 있다는 것을 생각하지 못했다. 네가 나에게 한 일만 생각했거든."

그것이 교만이며 교만의 유일한 해독제는 하나님과 타인을 우선시하는 겸손입니다. 예수님은 이에 관해 훌륭한 본이 되십니다. 분노할 자격이 있는 사람이 존재한다면 오직 예수님뿐이십니다. 그분은 하나님의 아들로서 죄가 없으셨지만 부당하게 고통을 받으셨습니다. 또한 조롱과 침 뱉음을 당하시고 채찍에 맞으셨습니다. 수염도 뽑히셨습니다(사 50:6). 거리에서 예수님을 찬양했던 바로 그 사람들이 나중에는 그분을 십자가에 못 박으라고 소리쳤습니다. 그러나 십자가에 달리셨을 때, 주님은 그들을 불쌍히 여기셨습니다. 분노로 반응하지 않으셨습니다. 그렇게 하실 수도 있었는데 말입니다. 그분은 열두 군단의 천사들을 불러서 온 인류를 없애버릴 수도 있었습니다(마 26:53). 그러나 대신 이렇게 기도하셨습니다. "아버지 저들을 사하여 주옵소서 자기들이 하는 것을 알지 못함이니이다"(눅 23:34)

우리 두뇌에 화학 반응을 일으켜서 분노로 반응하게 하는 것이 오직 상황과 환경 탓이라면 예수님께서 그렇게 반응하시는 것은 불가능했을 것이고 예수님도 화를 내셨을 것입니다. 어떤 이들은 이렇게 생각합니다. '그건 예수님 얘기고. 나는 예수님이 아니니까 예수님처럼 못해.' 그것은 변명거리가 못됩니다. 우리가 예수님은 아닐지라도 예수님 안에 계셨던 그 성령께서 이제 우리 안에 계십니다(롬 8:11). 스데반도 타락한 본성을 가지고 태어난 인간이지만 그리스도의 영으로 거듭났기에 고통과 분노를 극복하고서 자신을 죽이려고 돌을 던지던 바로 그 사람들을 용서할 수 있었습니다(행 7:58-60).

예수님과 스데반의 반응을 통해, 우리는 분노가 제어할 수 없는 물리적 반응이 아님을 알 수 있습니다. 그것은 선택입니다. 겸손한 사람이 진짜로 분노하면서 못된 성질에 지배받으며 사는 것은 불가능합니다. 겸손은 분노를 가라앉힙니다. 우리가 자신보다 남을 더 낫게 여긴다면 예수님이 그러셨던 것처럼 우리에게 잘못한 사람들을 위해서도 기도할 수 있습니다. 그것이 바로 겸손입니다.

야고보서 4장은 이렇게 말합니다.

> 형제들아 서로 비방하지 말라 형제를 비방하는 자나 형제를 판단하는 자는 곧 율법을 비방하고 율법을 판단하는 것이라 네가 만일 율법을 판단하면 율법의 준행자가 아니요 재판관이로다 입법자와 재판관은 오직 한 분이시니 능히 구원하기도 하시며 멸하기도 하시느니라 너는 누구이기에 이웃을 판단하느냐　　　　　　　　　　　　야고보서 4:11-12

이것을 로마서 12장 19절 말씀과 연결해서 생각해 볼 수 있습니다. "원수 갚는 것이 내게 있으니 내가 갚으리라고 주께서 말씀하시니라" 겸손은 형제자매에 대해 나쁘게 말하거나 비방하지 않습니다. 또한 자신이 책임자가 된 듯, 분노 가운데서 심판하거나 악을 악으로 갚지 않습니다. 겸손은 하나님께 순복하고 하나님께서 방어해 주시도록 맡깁니다.

오래전 일입니다만 어떤 도시에서 집회를 열었는데 그 지역에는 저를 무참히 비방하던 유명한 TV 사역자가 있었습니다. 그들이 저에 대해 왜 그렇게 비이성적으로 분노했는지는 모르겠지만 우리가 그 도시에 묵고 있던 집회 기간에 우리 단체 스태프 하나가 그 교회 예배에 참석했고 실은 저도 가 보려고 했었습니다. 그러나 마지막 순간에 생각을 바꾸고 가지 않았습니다. 그날 오후에 그 스태프가 와서 말하길, 예배 때 그들이 저에 대해 "짐 존스(Jim Jones 70년대 말에 900명 이상을 집단 자살로 이끈 사이비 교주이자 공산주의자, 역자 주) 이래로 가장 교묘한 이단"이라고 했답니다. 그들은 성도들에게 저의 집회에 절대 참석하지 말라면서 저의 책과 테이프 등을 그 자리에서 불태웠다고 했습니다.

그 말은 저를 아프게 했지만 저는 그것이 원수의 화살이라는 것을 알았습니다. 그래서 분노하지 않았습니다. 같이 싸우거나 그 사람들에 대해 나쁘게 말하지 않았습니다. 그들을 향한 사랑을 계속 유지하면서 그 곳에 지속적으로 헌금했습니다. 20년이 지나 그 사역자들과 저는 같은 TV 프로그램에서 인터뷰를 하게 됐습니다. 그런데 광고 시간에 그 목사님과 사모님이 저에게 오더니 "목사님 설교가 너무 좋아요! 매일 보고 있답니다."라고 하는 게 아니겠습니까? 그 이후로 그분들과 저는 같은 프로그램에 여러 번 출연하면서 친구가 되었습니다. 서로 전화번호도 교환했고요. 그분들을 우리 학교에 초청해서 말씀을 듣기도 했습니다. 저는 지금도 그분들이 왜 그렇게 변했는지 모릅니다! 제가 한 일은 분노를 거절한 것뿐인데 하나님께서 저를 방어해 주신 것입니다.

사람들이 문제가 아니라는 사실을 우리는 알아야 합니다(엡 6:12). 마귀가 우리를 대적하는 것입니다. 그가 형제들의 참소자입니다(계 12:10). 마귀가 사람들을 이용하는 것이며 그 사람들은 자기가 무슨 일을 하는지 대체로 알지 못합니다. 일진이 안 좋았거나, 끼니를 걸렀거나, 아픈 자녀를 돌보느라 밤을 새웠을 수도 있습니다. 아니면 잘못된 정보를 들었을 수도 있습니다. 우리는 그 이유를 알 수 없기에 그 일로 분노해서도, 앙갚음을 해서도 안 됩니다.

전에 제가 부흥강사로 종종 방문하던 교회가 있었는데 제가 갈 때마다 맨 앞자리에 앉던 부부가 있었습니다. 그 자리에 앉기 위해 몇 시간씩 일찍 오던 분들이었습니다. 그런데 한번은 제가 그분들에게 아주 구체적인 예언을 했었습니다. 정말 구체적이라 완전히 정확하든지 아니면 완전히 육신적이든지 둘 중의 하나였습니다. 문제는 다음에 그 도시를 방문할 때까지 그분들에게 그것에 대해 확인할 기회가 없었다는 것입니다.

그 이후, 제가 그곳에 갔을 때 그 부부는 나타나지 않았습니다. 저는 즉시 그 예언에 대해 떠올렸습니다. 제가 잘못된 예언을 해서 그분들을 시험 들게 했다는 생각이 들었습니다. 그때 제 머릿속에서 부정적인 상상의 나래가 펼쳐졌고 그분들이 저를 거짓 선지자라고 말하고 다니는 모습을 상상했습니다. 그날 저녁과 다음 날까지 저는 그분들이 오지 않았다는 사실에 사로잡혀 있었습니다. 급기야 그분들이 저에게 못할 짓을 하고 있다는 생각에 분노가 치밀어 주먹이라도 휘두르고 싶었습니다. 그런데 다음 날 저녁 집회 때 그분들이 맨 앞줄에 앉아 있었습니다. "너무 죄송해요." 그분들이 저에게 다가오며 말했습니다. "어제 가족 장례가 있어서 오지 못했습니다. 그렇지 않았다면 목사님 집회 때 빠질 일은 없었을 텐데요!" 그 순간 제 자신이 너무 형편없는 인간처럼 느껴졌습니다. 그분들을 판단하며 하루 종일 상처로 괴로워했는데 그 모든 것이 아무런 근거가 없었습니다! 그분들이 참석하지 않았다는 것은 사실이었지만 이유를 모르면서 저 혼자 결론을 내렸던 것입니다. 겸손하게 상처와 분노를 가라앉히지 않고 교만한 자세로 그분들이 오지 않은 것은 저를 거절한 행동이라고 생각했던 것입니다. 그 사건을 통해 저는 너무나 위대한 교훈을 얻었습니다!

21
판단하지 말라?

　예수님의 산상수훈을 잘못 적용하는 사람들이 많습니다. "너희가 판단을 받지 아니하려거든 판단하지 말라. 너희가 무슨 판단으로 판단하든 그것대로 판단을 받고 너희가 무슨 척도로 재든 그것대로 너희가 다시 평가를 받으리라."(마 7:1-2, 킹제임스 흠정역) 이 말씀을 해석할 때, 사람들은 '우리는 그 어떤 것도, 그 어떤 누구도 판단해서는 안 된다'고 합니다. 개인의 의견조차 가져선 안 된다고 말하는 사람들도 있습니다. 또 이 구절을 이용해서 세상에는 절대적으로 맞는 것도, 절대적으로 틀린 것도 없다고 주장하거나 아니면 적어도 무엇이 옳은지 말해선 안 된다고 주장하기도 합니다. 그러나 그러한 해석은 말씀의 원리에 위배됩니다. 다른 곳에서는 예수님께서 이렇게 말씀하신 적도 있습니다. "외식하는 자여 너희가… 어찌 이 시대는 분간하지 못하느냐 또 어찌하여 옳은 것을 스스로 판단하지 아니하느냐"(눅 12:56-57) 예수님은 한 번도 "판단하지 말라"고 하신 적이 없습니다. "너희가 판단을 받지 아니하려거든 판단하지 말라"고 하셨습니다. 다른 말로, 우리가 심은 대로 거둔다는 뜻입니다. 계시록을 보면 소아시아의 일곱 목사들 중에 두 명이 교회 내에서 잘못된 것을 가르치는 사람들을 판단하지 않았다는 이유로 주님께 책망을 받습니다(계 2:14-16, 20-23). 사도 바울도 고린도전서 5장 3절에서 그가 이미 판단하였다고 말했고 고린도전서 10장 15절에서는 고린도 교회 성도들에게 그가 한 말을 판단하라고 했습니다.

무슨 말이냐면, 우리는 판단을 해야 한다는 것입니다. 날씨에 대해 우리는 매일 판단하고 있습니다. 물건을 살 때도 그 제품의 가격이 적절한지 판단합니다. 운전할 때도 노란불이 켜지면 지나갈 시간이 충분한지 판단합니다. 이렇듯 판단하는 것에는 아무런 문제가 없습니다. 인간관계에서도 상대가 신뢰할 수 있는 사람인지 판단하는 것은 지혜로운 일입니다. 내 재정의 상황을 보여줘도 되는 대상은 누군지, 누가 내 재정을 앗아가려 하는지 판단하는 것은 지혜로운 것입니다. 예수님은 판단하는 것 자체를 경고하신 것이 아닙니다. 우리가 판단 받고 싶지 않은 방법으로 타인을 판단해서는 안 된다고 경고하신 것입니다. 공정하지 않은 판단에 대해 경고하신 것입니다.

외모로 판단하지 말고 공의롭게 판단하라 하시니라

요한복음 7:24

"책 표지를 보고 내용을 판단하지 말라."라는 말을 들어보신 적 있으십니까? 그 말은 위의 구절에서 나온 것이라고 저는 확신합니다. 우리는 사람이나 상황을 무모하게 판단해선 안 됩니다. 겉모습만 가지고 판단해서도 안 되고요. 먼저 사실fact을 알아야 합니다. 그리고 "의로운 판단"을 할 수 있을 때까지는 상대방에게 긍휼을 베풀어야 합니다.

한번은 한 여성이 저에게 자기 교회 목사님에 대해 불평을 늘어놓았습니다. 주일 예배 때마다 목사님께 인사를 받았는데 어느 날, 목사님이 인사를 안 하셨다는 것입니다. "저에게 화가 난 게 분명해요. 아는 척도 안 하시고 저를 그냥 지나쳐 버렸습니다. 그래서 제가 인사를 하려고 했는데 고개를 푹 숙인 채 가버리셨어요. 저를 투명 인간 취급하는 교회를 계속 다녀야 할지 모르겠네요." 그리고는 계속해서 그 목사님을 공격하며 비난했습니다. 그래서 제가 말을 끊고 물었습니다. "목사님이 당신을 거절했단 증거가 있습니까? 화장실이 급했을 수도 있죠. 아니면 교회 스태프들 가운데 문제가 있었을지도 모르고요. 또는 전날 밤 병원에 입원한 성도에게 전화를 받고 새벽까지 집에도 못 들어갔을 수 있고 그래서 아침에

양치를 못해서 그랬을지도 모르지요. 아니면 하나님께서 그분의 설교에 대해 말씀하고 계셨을 수도 있잖아요. 당신이 우주의 중심은 아니에요. 목사님이 당신 외에 다른 것을 생각할 수도 있다는 생각은 안 하십니까? 물론 무슨 일이 있었는지 저는 모르지만 당신도 모르잖습니까? 그분에 대해 의롭지 못한 판단은 그만 하세요."

장로의 조건 중 하나는 맑은 정신입니다(딤전 3:2, 킹제임스 흠정역). 맑은 정신이란 술 취하지 않은 상태를 말하는 것이 아니라 추측성 상상을 하지 않는 것을 의미합니다. 타인의 의도를 추측해선 안 됩니다. 사람들이 왜 그러는지 그 이유를 안다고 생각해선 안 됩니다. 그 여성이 목사님에게 가서 이렇게 말하는 것에는 아무런 문제가 없습니다. "목사님, 무슨 문제라도 있으신가요? 목사님과 마주쳤을 때 인사를 드렸는데 대답이 없으셔서요." 이렇게 하는 것에는 아무런 문제가 없습니다. 문제는 상대방의 의도를 마음대로 추측하면서 비난하는 데 있습니다. 그 여성은 목사님의 마음과 생각에 어떤 일이 일어나고 있는지 몰랐습니다. 목사님의 상황을 알지 못했으니까요. 그렇기 때문에 의로운 판단을 할 수 없었던 것입니다.

베드로와 요한이 붙잡혀서 더 이상 예수님의 이름으로 설교하지 말라는 말을 들었을 때, 그들은 이렇게 답했습니다. "하나님의 말씀을 듣는 것보다, 당신들의 말을 듣는 것이, 하나님

보시기에 옳은 일인가를 판단해 보십시오."(행 4:19, 새번역) 그런데 이 사회는 이렇게 말합니다. "대법원만이 판단(판결) 할 자격이 있다. 대법원이 동성애와 낙태가 괜찮다고 하면 모든 사람들이 이에 동의해야 한다. 그리스도인들은 타인의 죄와 도덕성을 판단해선 안 된다."

 죄를 판단하는 것은 그리스도인들이 아닙니다. 동성애가 (또는 그 어떤 죄라도) 잘못됐다고 말하는 것은 그들이 아닙니다. 하나님께서 이미 판단해 놓으셨습니다. 그런 것들은 잘못됐다고. 그리스도인들은 하나님께 동의하기로 선택할 뿐입니다. 그것이 겸손으로 의롭게 판단하는 것입니다.

 예수님은 판단에 대한 설교를 계속 이어가셨습니다.

> 어찌하여 형제의 눈 속에 있는 티는 보고 네 눈 속에 있는 들보는 깨닫지 못하느냐 보라 네 눈 속에 들보가 있는데 어찌하여 형제에게 말하기를 나로 네 눈 속에 있는 티를 빼게 하라 하겠느냐 외식하는 자여 먼저 네 눈 속에서 들보를 빼어라 그 후에야 밝히 보고 형제의 눈 속에서 티를 빼리라
>
> 마태복음 7:3-5

 이 말씀 역시 우리는 절대 판단해선 안 된다는 뜻이 아닙니다. 우리는 의로운 판단을 내릴 수 있어야 하고 또한 긍휼로 판

단해야 합니다. 겉모습이나 표면적인 사실만 가지고 판단해선 안 됩니다. 우리도 같은 문제를 가지고 있으면서 그 문제로 힘들어하는 타인을 비판해선 안 되며 우리의 입장에서만 판단해서도 안 됩니다. 그것은 교만입니다. 우리는 타인을 판단하기 전에 먼저 자신을 판단해야 합니다. 그렇게 할 때 긍휼로 행할 수 있습니다.

사람들은 모두 각각 다른 시각을 가지고 있습니다. 우리는 서로 생각이 다릅니다. 각자에게 중요한 것도 각각 다릅니다. 그렇다고 해서 그 다른 점들이 틀린 것은 아니며 다른 사람들의 시각이 의미 없는 것도 아닙니다. 서로 의견이 다르기 때문에 일의 진행이 어려워질 뿐입니다.

예를 들면, 우리 단체에 항상 저의 의견에 동의하지 않는 사람이 있었습니다. 제가 "동쪽으로 갑시다."라고 하면 그는 "아니요, 우리는 서쪽으로 가야 합니다."라고 했습니다. 어느 날, 또 그런 상황이 벌어졌는데 그땐 제가 거의 평정을 잃을 뻔했습니다. 그에게 팀원의 자세가 없는 것에 대해, 그리고 저에게 반대하는 자세에 대해 하마터면 그를 참소할 뻔했던 것이지요. 그러나 그 순간 저는 저 자신을 저지할 수 있었습니다. 저의 생각이 사실이 아님을 알았기 때문입니다. 그 순간 그렇게 느껴진 것뿐이었습니다. 사실, 생각하면 할수록 그의 다른 관점이 사실상 우리 팀을 더 강하게 만들어 주었다는 것을 깨닫게 됩니다. 우리로 하여금 더 깊이 생각해 보게 했고 장기적으로 사역에 더 유익하도록 균형 잡힌 결정을 내리게 해줬습니다.

제가 말씀드리고 싶은 것은 우리 모두가 반대 의견을 통해 배워야 한다는 것입니다. 우리 모두가 불편한 상황을 잘 감당하는 방법을 배워야 합니다. 그리고 그 과정을 이타적으로 실행하는 방법을 기꺼이 배우는 것이 겸손입니다. 누군가에게 "왜 그런 말(또는 행동)을 하셨지요? 설명 좀 해 주시겠어요?"라고 하는 것은 잘못된 것이 아닙니다. 분노 가운데 상대의 동기를 판단하여 따지는 것이 잘못된 것입니다. 다른 사람들의 동의를 얻어내기 위해 상대를 비방하고 그 상황에 대한 소문을 퍼뜨리는 것은 잘못된 것이며 그렇게 하는 것은 유익이 없습니다. 성경 말씀은 문제가 생겼을 때 상대와 단둘이 만나라고 합니다(마 18:15). 따지려는 목적이나 사과를 강요하고 복수하기 위함이 아니라 화해를 목적으로 하라고 합니다(마 5:24).

한번은 라디오 프로그램에서 용서와 화해의 과정에 관한 인터뷰를 하게 되었습니다. 저는 제가 도왔던 한 여성의 예를 들었는데 그분은 가정 폭력을 당하고 있었습니다. 남편이 그 분과 아이들을 폭행했고 죽이겠다고 협박도 했습니다. 그래서 그 여성이 저에게 기도와 상담을 요청한 것인데 저는 오히려 남편을 위해 기도하라고 권면했습니다. 얼마 후 주님은 그 여성의 마음 가운데 일하셔서 남편을 용서하고 관계를 회복하도록 이

끄셨습니다. 주께서 그분에게 남편을 향한 특별한 사랑을 부어 주셨고 남편이 왜 폭력적인 사람이 됐는지 그 사정을 보여주셨습니다.

제가 이 이야기를 나누는 도중에 인터뷰를 하던 사람이 저를 막아서더니 이렇게 말했습니다. "이 부분은 방송에 쓸 수 없어요. 가정폭력 가운데 계속 머무르라고 권면하는 꼴입니다. 그러다가 정말 누군가 죽을 수도 있잖아요."

"원하시는 대로 하세요. 저는 모든 사람들이 가정폭력에 머물러야 한다고 말하는 것이 아닙니다. 단지 이 여성이 처했던 그 끔찍한 상황을 하나님께서 어떻게 변화시켜 주셨는지 말씀드리는 것뿐이에요."

그 여성이 자신을 겸손하게 낮추고서 자신의 시각으로만 생각하는 것을 멈추자 남편을 용서할 수가 있었습니다. 그리고 상처받은 사람이 상처를 준다는 사실을 알게 되어 남편에게 그리스도의 사랑을 보여주었습니다. 그러자 남편이 거듭나게 되었고 두 사람의 결혼생활은 회복되었습니다.

여러분의 상황에 이러한 화해가 즉시 일어나지 않는다고 낙심하지는 마십시오. 내 쪽에서 모든 일을 제대로 하더라도 나를 향한 상대방의 반응은 내가 조종할 수 없습니다. 그리고 기억하십시오. 겸손한 자들은 염려를 주께 맡깁니다(벧전 5:6-7). 최선을 다했지만 문제가 해결되지 않은 상황이 있다면 이제 하나님께 순복하고 그분이 해결해 주실 것을 신뢰하십시오. 누구도 타인을 변화시킬 수 없습니다. 내 믿음으로 상대의 저항을 제거할 수 없을 뿐 아니라 타인들로 하여금 강압적으로 나를 받아들이도록 만들 수도 없습니다.

실제로 믿는 자의 권세를 사용하여 삶의 모든 방해를 제거하려는 사람들이 있습니다. 아침에 일어나면 그들은 마귀를 대적합니다. 모든 사람들이 그들을 사랑하고 그들을 가로막는 모든 반발은 사라지라고 선포합니다. 그러나 그것은 시간 낭비입니다. 바울이 말하길, "무릇 그리스도 예수 안에서 경건하게 살고자 하는 자는 박해를 받으리라"(딤후 3:12)고 했습니다. 우리는 타락한 세상에 살고 있기 때문에 우리를 대적하는 상황들이 존재합니다. 사람들은 우리를 박해하고 비난할 것이며 그것이 경건한 삶의 일부입니다.

진리를 말하고 복음을 전하는데 누군가 비판을 한다면 그것은 일반적으로 그 사람이 찔림을 받았다는 증거입니다. 그 찔림을 회피하려고 보복하는 것이지요. 저에게 화내는 사람들도 항상 있습니다. "나는 낙심하지 않은 지 수십 년 됐다."라고 하면 그들은 즉각 반응합니다. 저의 간증에 찔림을 받는 것 같습니다. 그리고 저에게 악담을 하면서 제가 거짓말을 한다고 합니다. "사람들은 다 낙심합니다. 낙심한 적이 없다고 말하면 안 돼요."

저에게 낙심할 만한 일이 없었다는 뜻은 아닙니다. 그러나 하나님께서 저를 계속 초자연적으로 격려해 주셨습니다. 제가 사람들에게 '나는 낙심한 적이 없다'고 말하는 것은 사실 그들을 격려하려는 것입니다. 감정적인 요요현상 속에서 살 필요가 없다고 말해 주려는 것입니다. 하나님은 우릴 위해 더 좋은 것을 가지고 계십니다. 그러한 상황을 겪고 있는 사람들이 많다는 것을 저도 압니다만 이사야가 말하길, 예수님께서 모든 골짜기를 높이시고 산을 평평하게 하신다고 했습니다(사 40:4). 그 말은 삶에 문제가 없을 거란 뜻이 아니라 예수님께서 우리 마음 가운데 하시는 일로 인해 상황이 더 나아지고 원활해질 것이란 뜻입니다.

자신을 겸손하게 하여 회개하지 않고 하나님의 방법에 대항하면서 사는 사람들이 있습니다. 그런 사람들에게는 하나님의 말씀을 전하는 사람들을 믿을 수 없는 사람들로 간주하는 편이 더 쉽습니다. 마치 세상의 재판과 비슷합니다. 누군가 피고인에게 해로운 증언을 하면 피고인 쪽 변호사는 첫 번째로 그 증인의 신뢰도를 공격하려 할 것입니다. 그 증인의 과거를 탈탈 털어서 그를 당황하게 만듭니다. 그래서 그 증인이 위증을 하도록 유도합니다. 그 증인의 신뢰도를 무너뜨리기 위해서라면 무슨 짓이라도 해서 그의 증언을 무용지물로 만드는 것입니다. 그 사람을 공격하는 것이 목적은 아닙니다. 다만 자신의 의뢰인을 방어하려는 것이지요. 이처럼 누군가 말씀의 진리를 증언할 때, 사단은 즉시 그 증인을 공격합니다. 그 증인의 신뢰도를 무너뜨리고 그로 하여금 분노로 반응하게 만들면 사람들은 그의 간증에 의구심을 갖게 됩니다. 그러나 그 증인이 자신을 겸손하게 하여 계속해서 사랑으로 행하면 그의 간증은 더욱 큰 능력을 갖게 됩니다.

22
겸손은 긍휼히 여긴다

　하나님은 긍휼이 많으십니다. 우리가 직면하는 삶의 문제와 비극은 하나님께로부터 오는 것이 아닙니다. 어린 자녀들이 죽은 것은 하나님 탓이 아닙니다. 자연재해가 일어난 것도 하나님 때문이 아닙니다. 누가 가난할지, 누가 아플지, 그리고 누가 믿을지 이런 것들을 하나님께서 주권적으로 결정하시는 것이 아닙니다. 그런 문제들은 보편적인 죄와 우리의 어리석은 선택에서 기인한 것입니다. 그런데 종교적인 사람들은 이런 말을 듣기 싫어합니다. 저 멀리 우주 어딘가에 있는 지배자 탓을 하는 것이 자기 자신을 정직하게 들여다보는 것보다 더 쉬운 일이기 때문입니다. "하나님께서 하신 일이다"라고 해버리면 자신의 책임을 회피할 수 있거나 어느 정도의 위안을 받을 수가 있습니다. 자신들이 현재 겪고 있는 고통에 대한 이유를 제공해 주는 것 같기 때문입니다.

어렸을 때 여동생과 특별히 가까웠던 소년이 있었는데 그 여동생이 죽고 말았습니다. 그런데 교회가 그 가족을 위로할 요량으로 하나님께서 그의 여동생을 데려가셨다는 잘못된 말을 했습니다. 그 소년은 하나님이 존재한다면 그를 증오하겠다고 다짐합니다. 그리고 그는 성인이 되어 공개적으로 하나님을 대적하는 인터넷 사이트를 만들었고 하나님을 전하는 사람이라면 모두 공격의 대상으로 삼고 있습니다.

믿는 자로서, 우리가 사람들에게 감정적으로 반응하거나 어려운 질문에 대해 "하나님이 하신 일"이라고 경솔하게 말한다면 하나님을 잘못 대변하는 위험을 감수하게 되고 우리의 교만으로 인해 의도치 않은 여러 가지 부정적인 결과를 가져오게 됩니다. 이기적으로 반응함으로써 상대에게 상처를 주고 신뢰를 무너뜨려 관계를 망치는 것입니다.

저는 사역을 시작한 이후로 지금까지, 앞서 말씀드린 소년과 비슷한 이야기를 많이 들었습니다. 그래서 그런 사람이 저를 대적하여 일어나면 이렇게 생각합니다. '저런 미움과 분노, 쓴 뿌리를 갖게 되기까지 저 사람들은 도대체 어떤 경험을 한 것일까?' 그리곤 저 자신을 겸손하게 하여 그들의 말과 행동을 공격으로 받아들이지 않았기 때문에 그들의 고통을 뚫고 들어가 그 사람들 중에 많은 이들을 섬길 수 있었습니다.

겸손은 분노로부터 우리를 지켜줍니다. 또한 하나님께서 그

동안 우리에게 보여주신 모든 긍휼하심을 떠올리게 하여 상대에게도 그 긍휼을 보여줄 수 있도록 도와줍니다. 예수님께서 말씀해 주신 이야기 중에 주인에게 엄청난 빚을 졌던 종에 대한 이야기가 있는데 주인이 종을 불러 결산하자고 했지만 그에게는 빚을 갚을 능력이 없었습니다. 그래서 그는 주인에게 긍휼을 구합니다. "주인이여, 나를 참아 주소서. 내가 주인께 다 갚겠나이다" 그 주인은 긍휼이 많은 사람이었습니다. 그래서 종의 빚을 탕감하고 보내주었습니다(마 18:23-27).

그런데 이 종이 나가서 자기에게 빚을 진 동료를 만나 몇 푼 안 되는 그 빚을 갚으라고 겁박합니다. 그 동료가 그의 발아래 엎드려 긍휼히 여겨달라고 간구했지만 이 사람은 요동하지 않았습니다. 오히려 빚을 갚을 때까지 그 동료를 감옥에 가둡니다(마 18:28-30). 그러자 그의 주인이 이 종의 행동에 대해 듣고 다시 그 종을 불러들입니다.

> 이에 주인이 그를 불러다가 말하되 악한 종아 네가 빌기에 내가 네 빚을 전부 탕감하여 주었거늘 내가 너를 불쌍히 여김과 같이 너도 네 동료를 불쌍히 여김이 마땅하지 아니하냐 하고 주인이 노하여 그 빚을 다 갚도록 그를 옥졸들에게 넘기니라
> 마태복음 18:32-34

이 사람은 긍휼히 여김을 받았음에도 불구하고 긍휼히 여기기를 거절했습니다. 교만하고 이기적이었던 것입니다. 주인의 긍휼로 인한 혜택만 누리고 자신의 마음을 변화시키지는 않았습니다. 오늘날의 많은 그리스도인들과 같은 모습입니다. 이에 대한 예수님의 말씀을 보십시오. "너희가 각각 마음으로부터 형제를 용서하지 아니하면 나의 하늘 아버지께서도 너희에게 이와 같이 하시리라"(마 18:35)

하나님은 우리의 엄청난 빚을 탕감해 주셨습니다! 우리에게 얼마나 큰 은혜와 긍휼이 주어졌는지 우리가 진정으로 깨닫는다면 우리도 다른 사람들을 은혜와 긍휼로 대하게 될 것입니다. 용서하지 않고 냉정한 사람들, 자기는 기꺼이 주지 않으면서 요구만 하는 사람들은 하나님께서 그들을 얼마나 용서하셨는지 모르는 사람들입니다.

다른 사람들을 대하는 자신의 태도가 단지 성격유형이라든지 아니면 자신의 은사라고 주장하는 것은 육신적인 변명입니다. 직설적이면서도 가혹하지 않게 말할 수 있습니다. 진실을 말하되 사랑의 동기로 말하는 방법을 배우면 됩니다(엡 4:15). 그리스도를 따르기 위해서는 반드시 자아에 대해 죽어야 한다고 성경은 말합니다(눅 9:23-24). 죽은 시신을 조롱하면 무슨 일이 일어날까요? 아무 일도 일어나지 않습니다. 그 시신을 무시하고, 욕하고, 침 뱉고, 발로 차고 해도 그저 누워있을 뿐 아무런 반응을 하지 않습니다. 왜입니까? 죽었으니까요. 같은 이치로, 사람들을 은혜와 긍휼로 대하기가 어렵다면 그것은 자아에 대해 죽지 않았기 때문입니다. 아직도 자아가 펄펄 살아 있는 것입니다. 자신을 겸손하게 하려면 큰 그림을 보면서 자신의 뜻보다 하나님과 그분의 나라를 우선순위에 놓아야 합니다. 그러면 자신에게 일어나는 일들은 크게 문제가 되지 않을 것입니다. 누군가 나를 비난하고, 나에 대한 거짓말을 퍼뜨리고, 내 이력에 먹칠을 해도 여전히 긍휼로 반응할 수 있습니다.

예수님은 이렇게 말씀하셨습니다.

> 이러므로 내가 네게 말하노니 그의 많은 죄가 사하여졌도다 이는 그의 사랑함이 많음이라 사함을 받은 일이 적은 자는 적게 사랑하느니라 누가복음 7:47

이 구절에서 예수님은 음행의 현장에서 붙잡힌 여인에 대해 말씀하고 계십니다. 바리새인들은 그 여자를 돌로 쳐 죽이려고 했지만 예수님은 긍휼로 대하셨습니다(요 8:2-11). 이후에 예수님께서 그 마을에 다시 오셔서 어떤 바리새인의 집에서 음식을 드시고 계셨는데 그 얘기를 들은 이 여인이 예수님께 나아와 그분의 발아래 엎드렸습니다. 그리고는 주님의 발에 눈물을 흘리고 자신의 머리카락으로 닦은 뒤 향유를 부었습니다. 그러자 거기에 있던 바리새인들이 예수님을 비난했고 주님이 그 여자에 대해 아셨다면 그렇게 하도록 내버려 두지 않았을 거라 생각했습니다. 그러자 예수님께서 이렇게 말씀하십니다. "이 여인은 많이 용서받았기 때문에 많이 사랑한다."

전에 어떤 부부를 상담했었는데 이들은 서로를 사랑하기가 너무 어려워서 힘들어하고 있었습니다. 아내가 그리스도인이었는데 남편이 너무 거칠고 고약하며 분노가 많은 사람이라고 불평했습니다. 그 여성은 제가 그 남편을 정죄해서 자기의 잘못된 태도를 정당화해 주길 원했습니다. 그러나 저는 그 여성에게 이렇게 말했습니다. "당신의 남편은 자신이 가지고 있지 않은 것을 당신에게 줄 수 없어요. 당신은 남편이 사랑과 긍휼로 친절하게 대해주길 바라지만 남편은 친절과 사랑, 긍휼을 받아본 적이 없습니다. 남편분은 하나님께서 그를 얼마나 사랑하시는지 모르는데 당신도 그 진리를 그에게 보여 준 적이 없잖아요." 그렇게 말하고 나서 그 남편에게 하나님께서 얼마나 그를 사랑하시는지 말해 주었습니다. 그는 하나님의 사랑을 이해했고 그 사랑을 받아들여 자신의 아내에게도 줄 수 있었습니다.

우리에게 없는 것을 다른 사람에게 주는 것은 불가능합니다. 그런데 우리 대부분은 하나님께서 우리를 얼마나 사랑하시고 우리를 얼마나 용서하셨는지 잘 모릅니다. 사랑은 교만과 정반대입니다. 가장 큰 사랑은 다른 이를 위해 자신의 생명을 내려놓는 것이라고 예수님께서 말씀하셨습니다(요 15:13). 그것이 바로 예수님께서 우리를 위해 하신 일입니다. 그리고 하나님의 자녀인 우리에게도 그렇게 하라고 예수님께서 부탁하셨습니다. 우리는 다른 사람들을 위해 우리의 삶과 이익, 그리고 우리가 앞질러 갈 기회를 내려놓음으로써 하나님의 성품을 나타내야 합니다.

겸손은 과정입니다. 선천적으로 겸손한 사람은 없습니다. 인간은 선천적으로 이기적이기 때문입니다. 아기들은 배가 고프면 웁니다. 지금 집안에 자고 있는 사람은 없는지 그런 것은 안중에도 없습니다. 기저귀가 젖으면 엄마가 밤을 새워서 피곤하다는 것은 신경 쓰지 않습니다. 교회 예배 때도 아기들은 다른 이들이 하나님의 말씀을 받으려고 집중하고 있다는 것은 상관하지 않습니다. 관심을 받고 싶을 땐 난동을 피웁니다. 이렇게 아기들은 이기적이고 자기가 우주의 중심이라고 생각합니다. 그런데 아기들은 아기니까 그렇게 해도 괜찮지만 서른이 넘고 마흔이 넘었는데도 불구하고, 특별히 거듭난 그리스도인인데도 불구하고 아직도 그런 태도를 그대로 가지고 있다면 그것은 큰 문제입니다.

우리가 거듭날 때, 타락한 인간의 이기적인 본성은 겸손한 하나님의 본성으로 교체됩니다(고후 5:17). 그 이후 그리스도인으로서 우리의 일은, 이 새로운 본성을 배워서 그리스도 안에 있는 우리의 정체성에 맞게 우리의 생각을 새롭게 하는 것입니다(롬 12:2). 그렇게 하는 데 있어서 가장 쉬운 방법은 예수님을 바라보는 것입니다. 우리의 새로운 본성은 예수님의 본성과 동일하기 때문입니다. 요한일서 4장 17절은 이렇게 말합니다. "주께서 그러하심과 같이 우리도 이 세상에서 그러하니라" 지금 이 순간, 하나님의 신성의 충만함이 우리 안에 거하십니다(골 2:9-10). 우리도 하나님처럼 사랑, 기쁨, 화평, 오래 참음, 부드러움, 선함, 믿음, 온유, 절제로 충만합니다(갈 5:22-23, 킹제임스 흠정역). 이것이 우리의 정체성인 것은 맞지만 이 진리에 맞춰 우리의 생각을 새롭게 해야만 그것의 유익을 경험할 수 있습니다.

부모가 자녀에게 가르쳐야 할 것 중에 가장 중요한 것은 세상은 그들을 중심으로 돌아가지 않으며 자신이 원하는 것을 얻어내는 것만이 인생의 전부가 아니라는 것입니다. 그러나 모든 부모가 자녀에게 최선이 될 만한 일을 하지는 않습니다. 대부분 제일 쉬운 길을 택합니다. 마트에서 난동 피우며 떼쓰는 아이를 본 적 있으십니까? 아마 사탕이나 장난감 같은 것을 사달라고 했는데 엄마가 안 된다고 했을 것입니다. 그 아이는 자기가 원하는 것을 손에 넣으려고 바닥에 드러누워 소리를 지릅니다. 그러면 아이의 엄마는 당황스러운 나머지 아이가 원하는 대로 해줍니다. 아이가 원하는 것을 사줌으로써 그 아이의 이기심을 강화시킨 것입니다.

이 사회도 이기심을 강화시킵니다. 우리 사회에도 서른이 넘고, 마흔이 넘고, 쉰이 넘은 사람들이 자신의 감정에 못 이겨 난동 부리는 일이 매일 일어납니다. 그들이 부리는 난동은 바닥에 드러눕는 어린아이들의 방법보다는 좀 더 세련됐지만 이거나 그거나 마찬가지입니다. 하나님은 그것과는 다르게 살도록 우리를 부르셨습니다. 그 아들의 형상을 닮도록 우리를 부르셨습니다(롬 8:29).

다른 이들을 나 자신보다 앞세우고 긍휼히 여기기 위해서 우리 자신의 불평을 내려놓는 것은 매우 힘든 일이지만 그만큼 하나님을 기쁘시게 하는 일이기도 합니다. 그것이 사람들로 하여금 그리스도의 사랑을 인식할 수 있도록 겉으로 나타내는 것입니다.

23
매일의 결단

겸손은 일련의 영적인 과정입니다. 노력과 결단이 필요합니다. 매일(또는 매 순간) 자기를 희생해야 합니다. 바울은 다음과 같이 말했습니다.

> 그러므로 형제들아, 내가 하나님의 모든 자비하심으로 너희에게 권고하노니, 너희 몸을 하나님께서 기뻐하시는 거룩한 산 제물로 드리라. 이것이 너희가 드릴 합당한 예배니라.
>
> 로마서 12:1, 한글킹제임스

이것은 바울이 믿는 자들에게 쓴 것입니다. 목사들에게만 쓴 것도 아니고 선교사들에게만 쓴 것도 아닙니다. **모든** 믿는 자들에게 쓴 것입니다. 하나님께서 부르신 영역이 사업이든 의료계든 다 마찬가지입니다. 엄마로 부르심을 받았든 전임 사역자로 부르심을 받았든 다 동일합니다. 우리는 모두, 서로 다른 직업이나 사역으로 부르심을 받았지만 하나님은 우리 모두를 (나이와 상관없이) 산 제물로 부르셨습니다. 그것이 우리의 "합당한 예배" 또는 그리스도인의 일반적인 의무입니다. 신앙이 엄청나게 좋은 성도들만을 위한 것이 아닙니다. 평범한 형제자매 모두를 위한 것입니다.

물론 그 누구도 완벽하게 겸손할 수는 없겠지만 그 방향을 향해 출발할 수는 있습니다.

제가 베트남에 파병됐을 때, 미국이 처음으로 달에 착륙하는 데 성공했습니다. 저는 그 방송을 보지 못한 게 너무 아쉬웠습니다. 그래서 미국으로 돌아온 뒤, 아폴로호에 대한 정보를 모두 찾아보았습니다. 이후 저는 어떤 프로그램에 제임스 어윈(James Irwin 아폴로 15호의 달 착륙선 조종사, 역자 주)과 같이 출연하게 되었습니다. 제임스 어윈은 1971년에 달에 착륙했습니다. 그는 우주에 다녀온 이후로 그리스도께 자신의 삶을 드렸으며 달에 착륙했던 여정과 그것이 자신에게 영적으로 어떤 의미였는지에 관한 책을 쓰기도 했습니다.

우리는 프로그램을 같이하면서 서로의 책을 교환했고 저는 그에게 질문 공세를 퍼부었습니다. 아폴로호가 어떻게 작동했는지, 또 계획대로 정확하게 궤도를 따라갔었는지 궁금했습니다. 저는 나사NASA가 가지고 있는 기술이라면 모든 것이 완벽하게 진행됐을 것이라고 생각했었습니다. 그런데 실제는 그렇지 않았답니다. 제임스의 말에 의하면 나사의 역할은 달을 향해 우주선을 발사한 것뿐이었고 그 이후 나흘간 10분에 한 번씩 궤도 수정을 했다는 것입니다. 어떨 때는 정확하게 달을 향해 가고 있었지만 어떨 때는 달에서부터 90도 방향으로 가고 있어서 제자리로 돌아가기 위해 방향을 엄청나게 틀어야 했답니다. 달을 향한 여정은 완벽과는 정말 거리가 멀었던 것이지요!

또 제임스의 말에 의하면 그들이 목표로 삼았던 지점의 반경은 500마일이었답니다. 나중에 착륙해서 보니, 다섯 발만 바깥쪽으로 더 나갔더라면 목표점을 벗어났을 것이라고 했습니다! 그가 이런 것들을 저에게 설명해 주는 동안 깨달은 것이 하나 있습니다. 그들이 10분마다 한 번씩 궤도 수정을 해야 했듯이 우리 역시 겸손으로 행하는 삶에 있어서 궤도 수정이 필요하다는 것입니다. 어떨 때는 10분마다 한 번씩 말입니다!

주께서 저에게 이 과정을 시작하신 것은 1968년 3월 23일입니다. 그날 밤, 제가 저의 이기심을 깨닫고 주님 앞에서 스스로를 겸손하게 하기로 선택했을 때, 저는 달을 향해 발사된 것과 같다고 할 수 있습니다. 그 이후로 수백만 번의 궤도 수정을 했습니다! 그렇게 여러 번 궤도 수정을 했지만 그렇다고 그 당시 저의 헌신의 결단이 진심이 아니었던 것은 아닙니다. 저는 진심으로 헌신을 했었습니다. 그럼에도 불구하고 매일 저 자신의 자아를 다루어야만 했습니다. 지금도 매 순간 다른 이들을 우선시하고 그들의 시각에서 바라보는 선택을 해야만 합니다. 저절로 되는 것이 아니라 계속되는 과정이라는 말씀입니다. 저도 헌신의 동기나 헌신의 정도에 있어서 부족할 때가 있는데, 저 역시 인간이라 그렇습니다. 그러나 그렇게 실패할 때 저는 바로 회개하고 궤도를 수정합니다(요일 1:9).

이것은 다이어트와 비슷한 면이 있는데 살을 빼려는 사람들은 극단적인 다이어트에 돌입하여 짧은 시간 동안 자기를 괴롭힙니다. 그러면 어느 정도 효과를 보기도 하지만 일단 다이어트가 끝나면 과거의 식습관으로 돌아가기 때문에 다시 원점이 됩니다. 어떤 이들은 다이어트 후에 몸무게가 더 늘기도 합니다. 몸무게를 유지하고자 한다면 몇 주 동안만이 아니라 평생 유지할 수 있는 식습관과 운동 습관을 익혀야 합니다. 산 제물로 사는 것도 마찬가지입니다. 한번 자신을 겸손하게 했다고 끝나는 것이 아닙니다. 겸손은 삶의 방식입니다.

바울은 로마서에서 이렇게 말합니다.

> 너희는 이 세상에 동화되지 말고 오직 너희 생각을 새롭게 함으로 변화를 받아 하나님의 선하시고 받으실 만하며 완전하신 뜻이 무엇인지 입증하도록 하라.
>
> 로마서 12:2, 킹제임스 흠정역

우리가 산 제물이 되어 생각을 새롭게 하는 과정을 시작하면 우리는 "선하시고, 받으실 만하며, 완전하신 하나님의 뜻을 입증한다."고 바울은 말합니다. 단계별로 진행되는 과정입니다. 우리가 성장한다는 뜻입니다. 자동차의 속도가 시속 0km에서 갑자기 1,000km가 될 수 없듯이, 하룻밤에 지구에서 달까지 가지는 못합니다. 그리고 순간적으로 시속 0km에서 갑자기 1,000km가 되는 것은 가속이 아니라 급발진입니다!

1968년 3월 23일에 제가 평생 극복해야 할 모든 것들을 주께서 전부 다 보여주셨다면, 그러니까 저의 잘못된 태도들, 겸손을 따라 행해야만 하는 모든 순간들 등, 이 모든 것들을 한꺼번에 다 보여주셨다면 저는 완전히 압도당하고 말았을 것입니다. 아마도 감당하지 못하고 포기했을 것 같습니다. 그러나 주님은 긍휼이 많으셔서 한 번에 하나씩만 보여주십니다. 할렐루야!

겸손은 주님과 친밀히 행하는 데 있어서 치명적으로 중요한 요소입니다(미 6:8, 암 3:3). 교만히 행하는 사람이 하나님과 동행하는 것은 불가능하고 하나님께서 우리를 위해 계획하신 삶을 사는 것도 불가능합니다. 바울은 이렇게 말했습니다. "내가 만일 자랑하고자 하여도 어리석은 자가 되지 아니할 것은 내가 참말을 함이라 그러나 누가 나를 보는 바와 내게 듣는 바에 지나치게 생각할까 두려워하여 그만두노라"(고후 12:6)

성경 말씀에 어리석은 자란, 하나님을 믿지 않거나 신뢰하지 않는 자입니다. 다윗은 두 번이나 이렇게 말했습니다. "어리석은 자는 그의 마음에 이르기를 하나님이 없다 하는도다 그들은 부패하고 그 행실이 가증하니 선을 행하는 자가 없도다"(시 14:1, 53:1) 그렇기 때문에 바울이 자신은 어리석은 자가 되지 않겠다고 했을 때, 그것은 "나는 구원받지 못한 자처럼 말하고 행동하지 않겠다. 하나님을 모르는 자처럼 말하거나 자랑하지 않겠다."라는 뜻입니다.

서기관과 바리새인들이 예수님을 믿기 어려워했을 때 주님은 이렇게 말씀하셨습니다. "너희가 서로 영광을 취하고 유일하신 하나님께로부터 오는 영광은 구하지 아니하니 어찌 나를 믿을 수 있느냐"(요 5:44) 그러니까 우리가 하나님의 의견과 인정보다 사람의 의견과 인정에 더 높은 가치를 둔다면 믿는 것이 불가능하다는 뜻입니다. 오해는 마십시오. 사람들을 사랑하지 말라는 뜻은 아닙니다. 우리는 다른 사람들과 긍정적인 관계를 형성해서 그들에게 복이 되어야 합니다. 그러나 언젠가는 이렇게 결단해야 합니다. "하나님께서 말씀하시면 나는 한다. 이해하는 사람들이 없거나 인정하는 사람들이 없어도 상관없다."

예수님께서 바리새인들에게 하신 말씀을 전체 맥락을 따라서 보겠습니다. 그들은 예수님을 비난하며 이렇게 말했습니다.

"무슨 권세로 그러한 기적을 행하는가? 그리고 누가 당신에게 그러한 권세를 주었는가?" 이것에 대해 예수님은 이렇게 답하십니다.

> 너희가 성경에서 영생을 얻는 줄 생각하고 성경을 연구하거니와 이 성경이 곧 내게 대하여 증언하는 것이니라 그러나 너희가 영생을 얻기 위하여 내게 오기를 원하지 아니하는도다 나는 사람에게서 영광을 취하지 아니하노라 다만 하나님을 사랑하는 것이 너희 속에 없음을 알았노라 나는 내 아버지의 이름으로 왔으매 너희가 영접하지 아니하나 만일 다른 사람이 자기 이름으로 오면 영접하리라 너희가 서로 영광을 취하고 유일하신 하나님께로부터 오는 영광은 구하지 아니하니 어찌 나를 믿을 수 있느냐   요한복음 5:39-44

사람을 기쁘게 하려는 자들은 믿음의 사람들이 아닙니다. 그런 사람들은 은혜의 유익들을 받을 수 있을 거라 기대해선 안 됩니다. 믿음에 있어서 겸손은 큰 부분을 차지합니다. 그것은 자아를 내려놓는 것이며 자신의 계획과 자기를 높이려는 마음을 내려놓는 것입니다. 자기의 철학과 자기를 의지하는 태도를 버리는 것입니다. 또한 하나님과 그분의 말씀만 의지하고 신뢰하면서 하나님께 영광 돌리며 그분을 높이는 것입니다. 사람의 존경과 인정을 바라면서 동시에 성경이 말하는 믿음으로 기능하는 것은 불가능합니다. 그렇다고 해서 하나님께서 우리에게 완벽을 요구하신다는 뜻은 아닙니다. 다만 그분은 마음이 온전히 그분께 헌신된 자들을 찾으십니다.

> 이는 주의 눈은 온 땅을 두루 살피시어 자신을 향하여 마음이 온전한 자들을 위하여 자신이 강함(또는 은혜, 저자 삽입)을 보이심이니이다. 역대하 16:9, 한글킹제임스

바울은 신약성경의 거의 절반을 기록한 사람이며 가장 영향력 있는 사도라고 할 수 있는 하나님의 사람입니다. 그런 그가 "내가 자랑하려 하더라도"(고후 12:6, 새번역)라고 했습니다. 그렇게 겸손하고 그렇게 많은 은혜를 받았던 그도 처리해야 할 교만과 이기적인 야망이 있었던 것입니다. 그에게도 여전히 자기에게 영광 돌리고자 하는 육신적인 욕망이 있었던 것입니다. 그러나 그는 거기에 순복하여 어리석은 자가 되기를 거절했습니다. 형제자매 여러분, 우리가 육신적인 이 몸 안에 사는 동안은 자아와 교만으로 향해 갈 유혹을 받을 것입니다. 그렇기 때문에 항상 궤도 수정을 해야 합니다. 또한 주님을 향한 우리의 결단, 겸손하겠다는 그 결단에 있어서 흔들리지 말아야 합니다.

여기까지 읽으면서 아직 하나님께 자신의 몸을 거룩한 산 제물로 드린 적이 없다는 것을 알게 된 분들도 있을 것입니다. 지금까지 읽은 내용으로 인해 교만과 겸손에 대해 생각해 봐야 한다는 도전을 받았을 수도 있습니다. 또는 자신의 삶이 그동안 얼마나 이기적이었는지 알게 됐을 수도 있습니다. 그리고 그것이 승진(promotion 모든 분야에서 다음 단계로 높여지는 일, 역자 주)과 호의를 받지 못한 이유라는 것도 알게 됐을 것입니다. 그렇다면 이제 로켓 발사대에 오를 시간입니다. 이제 올바른 방향으로 나아갈 시간입니다.

지금 이렇게 기도하십시오.

아버지 하나님, 오늘 당신께 저 자신을 산 제물로 드립니다. 저의 힘으로는 저의 자아를 극복할 수 없다는 것을 압니다. 그래서 이제 제단 위로 올라가오니 저를 불로 태워주십시오. 구약의 제물들을 태워주신 것처럼 저의 이 자아를 태워주십시오. 주께서 저를 얼마나 사랑하시는지, 얼마나 용서하셨는지 보여주셔서 저도 다른 사람들을 사랑하고 용서할 수 있게 도와주십시오. 저 자신을 겸손하게 낮춥니다. 그리고 주님을 최우선에 두겠습니다. 주님의 말씀을 신뢰하고 그 말씀에 순종하겠습니다. 제가 다른 이들을 볼 때, 주께서 보시듯 보게 하시고 그들의 필요를 저의 필요보다 우선시할 수 있도록 도와

주십시오. 저에게 주님의 길을 가르치시는 성령의 능력으로 인하여 감사드리며 제가 결단한 대로 살 수 있게 도와주시기를 구합니다. 예수님의 이름으로 기도합니다.

아멘! 여러분, 겸손하게 행하려는 결단은 마치 진흙탕 속에 서 있는 것과 같습니다. 한쪽 발을 씻고 나면 다른 쪽 발이 더러워져 있습니다. 그렇기 때문에 두 발을 깨끗하게 씻기 위해서는 그 진흙탕에서 꺼내줄 누군가가 필요합니다. 같은 이치로 자아에 대해 죽기로 결단했다는 것은 이제 그 과정을 시작했을 뿐입니다. 내일 주차장에서 누군가에게 자리를 뺏길 수도 있습니다. 또 직장에서는 너무 극단적이라고 비난 받을 수도 있습니다. 은행에서 차례를 기다리고 있는데 어린 자녀가 난동을 피울 수도 있습니다. 그러한 순간에도 하나님을 사랑하고 다른 이들을 자기보다 먼저 생각하겠다는 결단대로 살려면 성령께서 능력을 주셔야 합니다. 성령님 없이는 모두 불가능한 일입니다. 벽에 부딪히는 일도 있을 것입니다. 당황스러운 일도 있을 것입니다. 그러나 하나님은 신실하십니다. 성령께서 당신과 함께하십니다. 그분이 보혜사가 되셔서 모든 것을 가능케 하실 것입니다(요 14:26, 마 19:26).

24

겸손과 믿음

　오래전에 어떤 여성이 자료를 무료로 나눠주는 우리 단체의 규범에 대해 문의를 했었습니다. "테이프를 무료로 보내주시는 것은 잘 알지만 저는 어떤 것도 공짜로 받기 싫습니다. 제 것은 값을 치르도록 할게요. 그러니 설교 테이프 3개와 청구서를 보내주세요." 우리는 그분께 테이프를 보냈지만 청구서는 보내지 않았습니다. 그러자 그분이 다시 편지를 보냈습니다. "보내주신 설교 테이프들은 너무 잘 들었습니다. 그런데 청구서는 보내지 않으셨더군요. 설교 테이프 3개를 더 주문할 테니 전에 주문했던 것과 합쳐서 청구해 주세요. 값을 치르겠습니다." 그래서 테이프 3개를 더 보냈는데 청구서는 보내지 않았습니다. 그러자 그분이 다시 편지를 보냈습니다. 이번에는 약간 짜증이 섞여 있었습니다. "저는 얻어먹기나 하는 사람이 아니에요! 제 것은 제가 값을 치릅니다. 제가 받은 테이프 값에 대해 청구서를 보내세요. 그렇지 않으면 거기는 다시 연락하지 않겠습니다!"

그래서 제가 그에 대한 답을 보냈습니다. "저는 저의 설교에 값을 매기지 않습니다. 그 설교들은 당신의 전 재산보다 더 높은 가치가 있습니다. 그래서 각각의 자료에 후원금을 제안해 놓긴 했지만 저는 당신에게 저의 자료를 팔지 않을 것이며 청구서도 보내지 않을 것입니다. 그냥 선물로 받아 주십시오. 저희 자료들로 인해 은혜를 받으셨다면 우리 단체를 위해 후원하시면 됩니다. 그것은 저희가 받겠습니다. 그러나 이 자료에 값을 지불하실 수는 없습니다." 이것에 대해서는 그분이 어떠한 답변도 하지 않았던 것 같습니다. 그런데 선물은 이렇게 역사하는 것입니다. 선물을 살 수는 없습니다. 얻어낼 수도 없습니다. 선물은 값없이 주어지는 것이며 치러야 할 의무 없이 주어지는 것입니다.

하나님의 은혜도 선물입니다. 하나님께서 우릴 위해 모든 것을 값없이 그리고 어떤 의무도 없이 공급해 놓으셨습니다. 우리의 일은 자신을 겸손하게 낮춰서 그분의 선물을 믿음으로 받는 것입니다. 그것이 바로 믿음, 즉 겸손입니다. 하나님께 나아가 "제가 이렇게 했으니까 이제 당신은 그에 따라 저에게 반응하셔야 합니다."라고 한다면 그것은 교만입니다. 하나님은 교만한 자를 대적하시고 겸손한 자들에게 은혜의 선물을 주십니다(약 4:6).

이렇게 믿음과 겸손을 연결하는 설교는 저도 들어본 적이 없는 것 같지만 많은 성경 구절들이 이 둘을 연결하고 있습니다. 예를 들어 로마서 5장 2절은 이렇게 말합니다. "또한 그로 말미암아 우리가 믿음으로 서 있는 이 은혜에 들어감을 얻었으며 하나님의 영광을 바라고 즐거워하느니라" 우리는 믿음으로, 겸손으로 은혜에 들어갑니다.

로마서는 은혜라는 주제에 대해 기술한 바울의 걸작입니다. 1장부터 4장까지는 하나님을 믿는다는 것이 어떤 것인지 설명하고 있습니다. 그리고 아브라함과 다윗을 예로 들어서 믿음이 은혜와 어떻게 연결되어 역사하는지를 설명합니다. 바울은 아브라함이 완벽한 자가 아니었음을 보여주면서 그가 오직 하나님을 믿었기 때문에 하나님께서 그의 믿음을 의로 여기셨다는 것을 설명합니다(창 15:6, 롬 4:3). 하나님께서 그의 삶 가운데 행하신 그 모든 일들을 아브라함은 받을 자격이 없었습니다. 그것은 은혜의 선물이었습니다. 또한 바울은 다윗의 삶을 설명하면서 그의 믿음과 그의 실패, 그리고 하나님의 은혜에 대해 묘사합니다. 그리고 다윗이 시편 32편 2절에서 한 말을 인용합니다. "주께서 그 죄를 인정하지 아니하실 사람은 복이 있도다 함과 같으니라"(롬 4:8) 그리고는 다음과 같은 어마어마한 말을 했습니다.

또한 그로 말미암아 우리가 믿음으로 서 있는 이 은혜에 들어감을 얻었으며 하나님의 영광을 바라고 즐거워하느니라

로마서 5:2

'들어감'이라고 번역된 헬라어 원어의 뜻은 "입장(스트롱 성구 사전)"입니다. 예를 들어 영화를 보려면 입장권을 내야 합니다. 값을 지불해야 하는 것이지요. 이처럼 우리가 은혜에 입장하려면 값을 지불해야 하는데 그 값은 믿음입니다. 이것을 야고보서 4장 6절, '하나님은 겸손한 자들에게 은혜를 주신다'는 말씀과 연결해 보십시오. 그러면 이 모든 것이 서로 어떻게 연결되어 있는지 알 수 있습니다. 진정한 겸손은 하나님을 믿는 것이고 진정한 믿음은 그분께 겸손히 반응하는 것입니다. 그런데 하나님의 은혜를 얻어내려는 사람들이 너무 많습니다. 그러나 은혜는 오직 우리가 믿음으로 자신을 겸손하게 낮출 때만 옵니다. 우리는 은혜를 얻어낼 수 없습니다. 하나님의 은혜는 우리의 선함에 달려있지 않기 때문입니다. 교회 출석 또는 십일조에 달려 있지도 않습니다. 하나님의 은혜는 오직 겸손에 달려 있습니다. 우리는 반드시 우리 자신을 겸손하게 낮추고 우리의 행위, 우리의 실수를 넘어서서 그분의 은혜를 신뢰하고 믿어야 합니다.

사람들은 저에게 종종 이렇게 말합니다. "하나님께서 치유

하신다는 것을 압니다. 하나님의 뜻은 저를 치유하는 것인 줄도 알아요. 그런데 치유가 나타나지 않고 있습니다. 이해가 안 돼요. 저는 거룩하게 살고 있어요. 말씀도 고백하고 교회도 다니고요. 십일조도 합니다. 그런데 왜 하나님은 저를 치유하지 않으셨죠?" 그러면 저는 이렇게 말할 수밖에 없습니다. "자기 의를 의지하고 있으니 치유가 안 된 겁니다. 지금 하나님을 기쁘시게 하기 위해 본인이 하고 있는 일만 열거했잖아요. 예수님께서 하신 일은 언급하지 않으셨습니다. 당신이 말씀을 고백하고 해야 할 일을 다 하면 그에 따라 하나님께서 일하실 책임이 있다고 생각하잖습니까. 그것은 믿음이 아니에요. 강요입니다. 교만이고요. 하나님의 은혜는 선물로 받는 것입니다."

이렇게 말하는 사람들도 봤습니다. "하나님께서 나에게 주신 이 차 좀 보세요! 이 차를 주실 거라 믿었습니다. 한 달간 저의 믿음을 행사했는데 짠, 하고 나타났어요!" 말로는 하나님의 축복이라고 하는 것 같지만 잘 들어보면 자기가 한 일과 믿음을 고백한 것 때문에 차를 갖게 됐다고 믿고 있습니다. 물론 저도 믿음이 역사한다는 것을 믿습니다. 믿음을 고백해야 한다는 것에도 동의합니다. 저도 믿음은 소리로 역사한다고 생각합니다. 그러나 진정한 믿음은 교만하지 않습니다.

한번은 자기 죄에 대한 대가로 자해를 하던 한 남성을 만났습니다. 그는 상처로 가득한 자신의 손과 팔, 그리고 무릎을 보여줬습니다. 그는 가톨릭 출신이었는데 거기서는 부활절 전에 일주일간 자기 몸을 학대하는 것이 보통이었습니다. 어떤 이들은 고기를 먹지 않고 어떤 이들은 채찍으로 맞기도 하고 심지어 십자가에 못 박히기도 합니다. 이 남자는 3마일이나 되는 깨진 유리 조각 위를 손과 무릎으로 기어다녀서 상처가 났다고 했습니다.

그런 것들은 하나님을 모욕하는 것이며 교만하단 증거입니다! 그들의 의도는 순수했을지 몰라도 그것은 십자가에서 그들을 위해 예수님께서 하신 일의 의미를 축소시키는 것입니다. 그들은 자신들의 희생이 하나님의 긍휼을 자극해서 하나님으로 하여금 자신들을 받아들이게 한다고 생각합니다. 그러나 진정한 겸손의 태도는 이렇게 말합니다. "하나님, 저의 죄를 사하기 위해 제가 할 수 있는 것은 아무것도 없습니다. 제가 할 수 없는 일을 위해 예수님을 보내 주셔서 감사합니다. 저는 저 자신을 겸손하게 낮추어 당신의 은혜를 믿음으로 받습니다."

바울은 이렇게 기록했습니다.

이제는 율법 외에 하나님의 한 의가 나타났으니 율법과 선지자들에게 증거를 받은 것이라 곧 예수 그리스도를 믿음으로 말미암아 모든 믿는 자에게 미치는 하나님의 의니 차별이 없느니라 모든 사람이 죄를 범하였으매 하나님의 영광에 이르지 못하더니 그리스도 예수 안에 있는 속량으로 말미암아 하나님의 은혜로 값 없이 의롭다 하심을 얻은 자 되었느니라

로마서 3:21-24

그리고 27절에서 무슨 말을 하는지 보십시오.

그런즉 자랑할 데가 어디냐 있을 수가 없느니라 무슨 법으로냐 행위로냐 아니라 오직 믿음의 법으로니라   로마서 3:27

진정한 믿음은 자랑을 근절합니다. 성경적인 믿음은 겸손합니다. 그것은 교만을 배척하고 온전히 하나님만을 의지하며 모든 영광을 그분께 돌립니다. 자기가 영광을 취하거나 영광을 얻어내려고 하지 않습니다. 고행을 하는 사람들은, 그것이 자기 몸을 고통으로 괴롭게 하는 것이든 아니면 그리스도인들의 임무 사항들을 완성하는 것이든, 결국 교만해집니다. 그 고통과 자신의 거룩함에서 교만을 취합니다. 그런 사람들이 하나님께 나아갈 때는 "이제 이거 해주셔야죠."라는 태도를 갖게 됩니다. 그런데 기도가 응답되지 않으니까 하나님께 화가 나는 것입니다. 하나님께서 그들을 실망시켰다고 느끼기 때문이지요.

기적적인 치유 집회가 진행되고 있는 중에도 자신의 믿음을 망치는 사람들을 봤습니다. 집회 가운데 하나님께서 역사하고 계셨고 사람들이 치유 받고 있었습니다. 눈먼 자가 눈을 뜨고 귀머거리의 귀가 열렸습니다. 그런데 어떤 사람들은 함께 기뻐하지는 못할망정 오히려 불평을 합니다. '나는 예언의 말씀을 원해. 하나님의 터치를 원해. 왜 내가 원하는 것은 안 주시지? 왜 하나님은 내가 아닌 다른 사람들의 삶에서만 역사하시나?' 이러한 그들의 이기심이 하나님의 은혜를 쫓아버리는 것입니다. 그래서 격려를 받기는커녕 오히려 낙심한 상태로 그 자리를 떠납니다.

그러나 겸손은 그 상황에 대해 다른 시각을 취합니다. 마치 은행에서 다음 순서가 된 것과 같습니다. 은행에 돈을 찾으러 갔는데 앞 사람이 먼저 찾았다고 화가 나진 않습니다. 은행에는 여전히 돈이 있다는 것을 알기 때문입니다. '이제 내 차례구나.'라고 생각할 뿐입니다.

하나님의 은혜도 마찬가지입니다. 잔고가 충분합니다. 그러니 다른 사람이 받아 갈 때 화내지 마십시오. 대신 겸손하게 자신을 낮추십시오. 기뻐하는 자들과 함께 기뻐하십시오(롬 12:15). 그리고 내가 다음 순서라는 것에 대해 하나님을 찬양하십시오! 그것이 성경적인 믿음입니다.

믿음은 하나님을 움직이지 않습니다. 움직여야 할 분은 하나님이 아니니까요! 하나님은 2천 년 전에 이미 우리를 위해 움직이셨습니다. 예수님을 통해 온 세상을 위하여 구원과 치유, 평안과 자유케 됨을 공급하셨습니다. 그것은 완성되었습니다. 이제 우리는 그 공급하심을 선물로 믿어서 받거나 아니면 의심하고 받지 않거나, 둘 중의 하나를 선택해야 합니다. 믿음은 하나님을 움직이지 않습니다. 성경적인 믿음은 우리를 움직여서 자신을 겸손하게 낮추어 하나님께 반응하게 합니다.

자기 연민 또는 자기 의에 빠져 있는 자신을 발견했다면 그것을 뛰어넘어 자신을 겸손하게 낮춰야만 믿음이 역사합니다. 이렇게 기도합시다.

아버지, 저를 겸손히 낮추겠습니다. 제가 저지른 일이 당신께서 이루신 일을 가리게 하지는 않겠습니다. 주님의 희생이 저의 죄보다 한없이 크시며 주님의 의가 저의 의보다 한없이 뛰어납니다. 저는 저 자신을 용서합니다. 저의 행함이 좋든 나쁘든, 바울처럼 그것들을 배설물로 여깁니다(빌 3:8). 그리고 오직 그리스도께 집중하겠습니다. 저에게는 당신의 은혜를 받을 자격이 없지만 저 자신을 겸손히 낮추어 지금 그 은혜를 받아들입니다. 아멘.

25
겸손은 한결같다

　바울의 사역 후반에 주님은 그를 예루살렘으로 부르셨습니다. 가는 도중에 바울은 그리스의 한 도시, 밀레도에서 에베소 교회 장로들을 불러 모았습니다. 당시 에베소 교회에는 10만 명 정도의 믿는 자들이 있었고 이들은 그 도시 전체에 퍼져있는 각각의 가정집에서 모이고 있었습니다. 각 집에는 성도들을 돌보는 장로가 있어서 그들이 디모데와 소통하고 있었던 것으로 보입니다. 아마도 수백 명의 장로들이 있었을 텐데 그들이 전부 그리스에서 바울을 만난 것입니다. 어떤 의미로 첫 번째 사역자 컨퍼런스라고 할 수 있겠습니다.
　바울은 사역자들을 격려하며 이렇게 말합니다.

　내가 아시아에 들어온 첫날부터 모든 때에 내가 어떤 방식으로 너희와 함께 지냈는지 너희가 알거니와 내가 온전히 겸손한 마음과 많은 눈물과 또 숨어서 기다리는 유대인들로 말미암아 내게 닥친 시험과 함께 주를 섬기며 너희에게 유익한 것은 어떤 것도 숨기지 아니하고 너희에게 보여 주며 공중 앞에서 또 집에서 집으로 다니며 너희를 가르치고

사도행전 20:18b-21, 킹제임스 흠정역

어떤 사람들은 이것을 교만으로 볼 수도 있겠지만 바울은 자기를 높이고 있는 것이 아닙니다. 게다가 그는 그의 겸손을 직접적으로 언급했습니다(행 20:19). 그는 자기를 높이고 있는 것이 아니라 다만 그리스도를 따르는 데 있어서 자신의 본을 따르라고 장로들을 격려하고 있는 것입니다(고전 11:1). 바울이 그들에게 완벽할 것을 요구한 것도 아닙니다. 빌립보 성도들에게는 이렇게 말했습니다. "나는 아직 내가 잡은 줄로 여기지 아니하고 오직 한 일… 앞에 있는 것을 잡으려고 푯대를 향하여 그리스도 예수 안에서 하나님이 위에서 부르신 부름의 상을 위하여 달려가노라"(빌 3:13-14) 바울은 완벽하지 않았지만 계속 전진했습니다. 그는 믿음을 지켰습니다(딤후 4:7). 그는 한결같았습니다. 그래서 장로들에게도 그렇게 하라고 격려한 것입니다. 바울은 그들이 "겸손한 마음"으로 주님을 계속해서 섬기길 원했습니다(행 20:19). 하나님께 항상 순복하고 하나님만 의지하면서 그분께 영광을 돌리되

하나님께서 그들을 쓰신다는 사실을 절대 부인하지 말라고 당부했습니다.

바울은 자신이 박해의 소굴로 들어가고 있다는 사실을 알았습니다(행 20:22-23). 예루살렘은 율법적인 유대교의 중심이었기 때문에 그곳 사람들은 그리스도에 관한 메시지를 미워했습니다. 유대인들은 예수님의 형제 야고보를 죽였고 베드로를 옥에 가두기도 했습니다. 그래서 남은 제자들은 멀리 흩어져서 가는 곳마다 복음을 전하고 있었습니다. 그렇기 때문에 바울도 이 장로들을 다시는 만날 수 없을 것이라고 생각했습니다(행 20:25). 그래서 그들에게 유익한 것은 어떤 것도 숨기지 않고 전했던 것입니다(행 20:20). 바울은 그들에게 하나님의 모든 말씀을 선포했기 때문에 그들이 겸손하게 믿음을 지키기만 한다면 그가 없이도 교회를 성공적으로 이끌 거라 확신했습니다.

이 시점에서 바울이 얼마나 겸손했는지를 우리가 아는 것은 매우 중요합니다. 대부분의 사람들은 옥에 갇혀 박해를 받을 줄 알면서도 계속해서 예루살렘으로 향하지는 않았을 것입니다. 증오를 받게 될 거란 사실을 알고도 그 상황에 자신을 던지는 사람은 거의 없으니까요. 진리를 말했을 때 감옥에 갇힌다는 사실을 안다면 대부분의 사람들은 진리를 말하지 않을 것입니다. 그러나 바울은 그러한 일이 다가오고 있음을 알면서도 갔습니다. 그는 "이 일들 중 어떤 것도 결코 나를 움직이지 못한다"(행 20:24)고 했습니다. 자신의 안녕과 상관없이 하나님을 섬기기로 결단이 되어있었던 것입니다. 하나님을 섬기는 것이 중상모략을 당하고, 감옥에 갇히고, 채찍으로 맞고, 돌에 맞아 죽는 것을 뜻한다 해도 바울은 기꺼이 견딜 각오가 되어 있었던 것입니다. 자아에 대해 죽었기 때문입니다.

> 이 일들 중 어떤 것도 결코 나를 움직이지 못하며 또한 내가 나의 생명도 내게 귀한 것으로 여기지 아니하노니 이것은 내가 나의 달려갈 길과 주 예수님께 받은 사역 곧 하나님의 은혜의 복음을 증언하는 일을 기쁨으로 끝마치고자 함이라.
> 사도행전 20:24, 킹제임스 흠정역

할렐루야!

겸손한 사람은 자신의 생명을 "귀한 것"으로 여기지 않습니다. 그러나 오해는 마십시오. 자신의 몸을 학대하거나 혹사하라는 뜻은 아닙니다. 우리는 주님의 성전이므로 우리 몸을 잘 관리해야 합니다(고전 6:19). 제가 드리는 말씀을 균형 있게 받아들이셔야 합니다. 고난이 올 것 같을 때 믿음이 흔들릴 정도로 자아를 사랑해서는 안 됩니다. 우리는 진리를 사랑해야 합니다. 이웃을 사랑하기에 결과와 상관없이 사랑 안에서 기꺼이 진리를 말해야 합니다(엡 4:15, 킹제임스 흠정역). 사람들을 자유케 하는 것은 진리니까요(요 8:32).

바울은 박해받을 생각에도 흔들리지 않았습니다. 자기 목숨을 귀한 것으로 여기지 않았습니다. 그는 주님의 종이었기에 복음을 위해 기꺼이 자신의 목숨을 내려놓았습니다. 자신의 나라가 아니라 하나님의 나라를 세우고 있었기 때문입니다.

전에 들었던 내용인데 빌리 그래함이 1949년에 로스앤젤레스에 있었을 때 사역의 터닝 포인트가 있었다고 합니다. 주님이 그에게 "빌리, 네가 하는 성령 역할은 매우 형편없단다."라고 하셨고 그 말씀이 그에게 찔림이 되었다고 합니다. 사람들을 아버지께 이끄는 역할을 성령님께 맡기지 않고 자신이 직접 사람들을 설득하려고 했다는 것을 깨달은 것입니다. 그는 하나님께서 그에게 단순하게 말씀을 전하라고 하시는 것을 느꼈다고 합니다. "나는 성령 역할을 하라고 너를 부르지 않았다. 진리를 말하라고 불렀다." 그때부터 빌리 그래함은 사람들로 하여금 믿도록 설득하는 일을 그만뒀다고 합니다. 그는 진리를 선포하는 일만 하고 성령님의 역할은 성령께서 하시도록 내어드린 것입니다. 그는 자신이 성경 말씀에서 본 것을 전했고 결과는 하나님께 맡겼습니다. 그 결과 엄청난 일들이 일어났습니다!

제가 진리를 말하고 하나님 말씀의 진리 위에 굳게 서기 시작하자 저항이 시작되었습니다. 우리 가족은 제가 미쳤다고 생각했고 친구들은 저와 절교했습니다. 교회에서도 쫓겨났습니다. 이후 먹고살기 위해 페인트칠을 했는데 제가 쫓겨난 곳과 같은 교단의 교회를 다니던 어떤 여성의 집을 칠하게 되었습니다. 그 일을 하면서 저는 그분에게 말씀을 증거하고 있었습니다. 어느 날, 그분이 저에게 이렇게 물었습니다. "아니, 왜 교회를 떠났어요? 당신 같은 젊은이들이 필요한데 말입니다. 교회를 떠나지 말았어야죠."

"제가 원해서 떠난 것은 아닙니다. 제가 성령세례를 받아서 교회에서 나가라고 한 거예요."

"방언에 대해 말하는 거예요?"

"그 중에 하나가 방언이지요."

그러자 그분이 이렇게 소리쳤습니다. "그럼 우리 교회에서도 쫓겨났을 겁니다!"

그래서 저는 고린도전서 말씀을 보여주었습니다. "방언 말하기를 금하지 말라"(고전 14:39) "여기 보세요. 성경에 이렇게 나와 있잖아요."

그분은 마치 심장마비라도 온 것처럼 심각한 표정으로 말했습니다. "성경에 우리가 믿지 않는 내용이 얼마나 많은데요."

저는 그 말에 어떻게 답해야 할지 몰랐습니다. 성경이 뭐라고 하는지 상관하지 않는 사람에게 무슨 말을 말하겠습니까?

슬픈 현실이지만 많은 그리스도인들이 그렇게 생각합니다. 그들은 사람의 전통과 자신들의 교단 때문에 하나님의 말씀을 무효화시킵니다(막 7:13, 킹제임스 흠정역). 그들은 한결같지도 않고 겸손하지도 않습니다. 앞으로 있을지도 모를 문제 때문에 흔들립니다. 믿음으로 겸손히 행할 때 오는 거절과 비난을 직면하려고 하지 않습니다. 그러나 바울은 이렇게 말했습니다.

> 아무 것도 염려하지 말고 다만 모든 일에 기도와 간구로, 너희 구할 것을 감사함으로 하나님께 아뢰라 그리하면 모든 지각에 뛰어난 하나님의 평강이 그리스도 예수 안에서 너희 마음과 생각을 지키시리라　　　　　　　　　빌립보서 4:6-7

하나님의 평강을 경험하고자 한다면 우리는 "아무 것도 염려하지 말아야" 합니다. 내일 일어날지도 모르는 문제에 대해 걱정하거나 사람들이 어떻게 반응할까를 염려해서는 안 됩니다. 자신을 겸손히 낮추어 하나님의 말씀에 순복해야 하는데, 그것은 진리에 근거하여 말하고 행동하되 일관성과 사랑으로 하고 결과는 하나님께 맡기는 것입니다.

2009년에 주님은 저에게 우리 바이블 칼리지에 오는 학생들을 전부 수용하려면 뭔가 조치를 취해야 한다고 말씀하셨습니다. 우리 학교는 사람들로 꽉 차서 터질 지경이었습니다.

학교를 더 키우지 않으면 안 될 상황이었습니다. 간단히 결과만 말씀드리면, 주께서 콜로라도주 우드랜드 파크에 있는 157에이커 땅을 열어 주셨습니다. 그 땅에는 아름다운 별장 하나가 이미 지어져 있었는데 우리는 그 별장 발코니에서 지혜를 구하는 기도를 드렸습니다. 그리고 부동산 직원에게 가격을 제안했습니다. 그러자 그가 말하길 "이미 더 많은 돈을 지불하겠다는 사람이 있습니다. 이 땅을 꼭 사고 싶다면 지금 움직여야 해요! 제가 서류를 준비해 가겠습니다. 오늘 거기에 사인하지 않으면 기회를 잃을 겁니다."

그 말이 사실인지 확실하진 않지만 저는 그에게 이렇게 말했습니다. "저는 급하지 않아요. 이 땅이 하나님께서 우릴 위해 준비하신 땅이면 우리가 갖게 될 것이고 아니라면 더 좋은 것이 올 것입니다. 그러니 급하게 결정하지 않을 거예요."

그때 저와 함께 있었던 우리 직원이 이렇게 말했습니다. "이것은 하나님의 뜻이 틀림없습니다. 만약에 목사님이 육신을 따라 행하고 있었고 목사님의 힘으로 하려는 것이었다면 그렇게 반응하지 못했을 거예요. 즉시 반응해야 할 압박을 느끼셨겠죠. 지금 목사님이 가지고 있는 평강은 하나님께로부터 온 것입니다." 두말할 나위 없이 그 땅은 하나님께서 우릴 위해 준비하신 것이었습니다. 우리는 2009년 9월에 그 땅을 매입했고 "생츄어리(sanctuary, 성소)"라고 이름 지었습니다.

바울은 자신의 염려를 하나님께 맡김으로써 박해를 직면할 때조차 한결같을 수 있었습니다. 그가 평안하게 자신의 경주를 완주할 수 있었던 것은 자아에 대해 죽었기 때문입니다(행 20:24). 우리의 삶이 오직 나 자신에게만 집중되어 있고 나의 편안함만을 위한 것이라면 그것은 마치 러닝머신에 갇혀 있는 것과 같습니다. 멈추면 떨어져 나갈 것을 알기 때문에 계속 반복하는 피곤한 인생입니다. 그러나 자신의 한계를 인정하고서 하나님의 반응을 얻어내려는 태도를 내려놓고 내가 하나님께 반응하기 시작하면 거기에 진정한 안식이 있습니다. 그리고 그것이 바로 겸손입니다.

26
때를 따라 돕는 은혜

그러나 더욱 큰 은혜를 주시나니 그러므로 일렀으되 하나님이 교만한 자를 물리치시고 겸손한 자에게 은혜를 주신다 하였느니라   야고보서 4:6

하나님은 은혜를 주시며 겸손한 자들에겐 더 큰 은혜를 주십니다. 또한 그분의 은혜는 한 번의 높임을 받는 것에서 그치지 않습니다. 히브리서 4장 16절은 우리에게 "긍휼하심을 받고 때를 따라 돕는 은혜를 얻기 위하여" 하나님께 나아가라고 합니다. 그리고 그렇게 하는 유일한 방법은 겸손으로 하는 것입니다. 하나님의 은혜가 우리에게 힘을 주십니다. 은혜는 우리 각자가 당면한 상황과 세상의 박해를 뛰어넘을 수 있도록 우리에게 힘을 주어서 하나님의 뜻을 성취하게 합니다. 바울은 이렇게 말했습니다. "너희 안에서 일하사 자기가 참으로 기뻐하는 것을 원하게도 하시고 행하게도 하시는 이는 하나님이시니라."(빌 2:13, 킹제임스 흠정역) ISVInternational Standard Version에는 이렇게 번역되었습니다.

> 그분을 기쁘시게 하는 일을 하려는 열망과 그 일을 할 수 있는 능력, 이 둘을 네 안에 만들어 주시는 분은 하나님이시라
>
> 빌립보서 2:13, ISV 역자 직역

"때를 따라 돕는 은혜"를 예수님 다음으로, 성경에 나온 그 어떤 인물보다 더 많이 경험한 사람은 아마도 바울일 것입니다. 또한 그는 가장 겸손한 사람들 중에 하나였습니다. 그는 하나님만 의지했습니다. 이기적이지 않았고 불순종하지 않았습니다. 자신의 영광과 자기의 아성을 구하지 않았습니다. 그는 감사로 넘쳤으며 한결같은 신실한 증인이었습니다. 그런 그가 이렇게 말했습니다.

> 내가 만일 자랑하고자 하여도 어리석은 자가 되지 아니할 것은 내가 참말을 함이라 그러나 누가 나를 보는 바와 내게 듣는 바에 지나치게 생각할까 두려워하여 그만두노라 여러 계시를 받은 것이 지극히 크므로 너무 자만하지 않게 하시려고 내 육체에 가시 곧 사단의 사자를 주셨으니 이는 나를 쳐서

너무 자만하지 않게 하려 하심이라   고린도후서 12:6-7

대부분의 그리스도인들이 바울의 이 말을 오해합니다. "여러 계시를 받은 것이 지극히 크다"라고 한 것이 교만이었다고 생각합니다. 그래서 하나님께서 그를 겸손하게 하시려고 "육체에 가시"를 사용하셨다고 생각합니다. 아닙니다. 하나님께로부터 오는 계시는 교만을 야기하지 않습니다. 지식은 우리를 교만하게 하지만(고전 8:1) 계시는 우리를 겸손하게 합니다. 바울은 단지 진실을 말했던 것입니다. 그는 정말로 지극히 큰 여러 계시를 받았습니다. 하나님은 그에게 은혜의 복음을 열어 보여주셨습니다(갈 1:12). 그것을 부인한다면 그것은 거짓말이 됩니다. 바울이 하나님으로부터 이러한 계시를 받을 수 있었던 이유는 그가 겸손했기 때문입니다.

바울은 "내 육체에 가시 곧 사단의 사자"라고 했습니다. 이것은 질병이 아닙니다. 바울의 교만을 경고하려는 하나님의 메시지도 아니었습니다. 하나님은 우리에게 질병을 주지 않으십니다.(고후 12:6의 "was given"은 모든 한국어 성경에 "주셨으니"라고 존댓말로 번역되어 마치 "육체에 가시 곧 사단의 사자"를 하나님께서 주신 것으로 번역되어 있지만 영어로는 단순 수동태로서 "주어졌으니"라고 번역되어야 함, 역자 주) 하나님은 이혼이나 사업의 실패 등을 야기하시는 분이 아닙니다. 성경은 말씀을 앗아가려는 목적으로 환난과 박해가 온다고 가르칩니다(막 4:16-17). "육체에 가시"라는 문구는 박해를 말하는 것입니다(민 33:55, 수 23:13, 삿 2:3). 바울의 가시는 박해였습니다. 그것은 바울이 받은 "여러 계시가 지극히 큰 것"을 어떻게든 막아 그의 입을 다물게 하려고 할 수 있는 모든 일을 다 했던 사단의 일입니다. 사단은 다른 사람들이 복음의 이 놀라운 소식을 듣지 못하게 하려고 바울을 돌과 채찍에 맞게 했고 그의 배를 파선하게 했으며 그를 옥에 가두는 등 계속해서 그의 목숨을 위협했던 것입니다(고후 11:23-28). 바울은 이러한 것들을 그의 "약한 것"이라고 불렀습니다(고후 11:30). 그리고 그것을 어떻게 해결했는지 보십시오.

> 이것이 내게서 떠나가게 하기 위하여 내가 세 번 주께 간구하였더니 나에게 이르시기를 내 은혜가 네게 족하도다 이는 내 능력이 약한 데서 온전하여짐이라 하신지라
>
> 고린도후서 12:8-9a

바울은 기도했습니다. 때를 따라 돕는 긍휼을 구하러 은혜의 보좌로 나갔습니다(히 4:16). 그리고 주께서 이렇게 답해 주셨습니다. "너는 이미 내 은총을 충분히 받았다"(고후 12:9, 공동번역) 그러자 바울이 이렇게 말합니다.

> 그러므로 도리어 크게 기뻐함으로 나의 여러 약한 것들에 대하여 자랑하리니 이는 그리스도의 능력이 내게 머물게 하려 함이라 그러므로 내가 그리스도를 위하여 약한 것들과 능욕과 궁핍과 박해와 곤고를 기뻐하노니 이는 내가 약한 그 때에 강함이라
> 고린도후서 12:9b-10

전에 어떤 분에게 전화해서 "어떻게 지내세요?"라고 물었는데 "저는 그분 안에서 약합니다."라는 답을 들어 매우 놀랐던 적이 있습니다. 대부분의 사람들은 자신의 약함에 대해 말하고 싶어 하지 않습니다. 그렇지만 우리가 약하다는 것을 인식할 때, 그러니까 스스로의 힘으로는 아무것도 할 수 없음을 알게 될 때 그때가 바로 우리가 강할 때입니다. 우리가 자신의 능력을 의지하고 거기서 우리의 자신감을 찾는다면 그때 우리는 교만하게 될 위험에 처합니다(잠 16:18). 그러나 오직 하나님의 은혜로, '우리는 영원히 가치 있는 일을 할 수 있다' 라는 사실을 인정한다면 그때 우리는 강할 수 있습니다. (우리가 하나님께서 부르신 바로 그 일을 하고 있는지 확인하는 방법 하나가 바로 이것입니다. 하나님은 믿는 자들을 부르셔서 우리가 할 수 있는 일, 그 이상을 하게 하십니다.)

'약하면서 동시에 강하다' 라는 것은 육신의 생각으로는 어리석게 들리지만 겸손한 자들에게는 그것이 은혜입니다. 겸손

하게 하나님을 의지하는 것은 그분의 능력이 우리를 위해 역사하시도록 하는 것입니다(대하 16:9). 바울은 그것을 알았습니다. 때를 따라 우리를 돕는 것이 은혜의 목적이라는 사실을 알았던 것입니다. 문제는 대부분의 그리스도인들이 가끔씩만 겸손하다는 것입니다. 코너에 몰리고 감당할 수 없는 상황이 되어야만 자기를 겸손히 낮추어 은혜의 보좌로 나아갑니다. 이것이 바로 우울증의 주요 원인입니다. 우울함에 대한 진정한 해결책은 겸손이란 것을 모른 채, 사람들은 물리적이고 의학적인 이유만을 찾습니다.

우울한 사람들은 완전히 자기에게 집중되어 있습니다. 자기에게 없는 것만 봅니다. 다른 이들이 잘되면 그들과 함께 기뻐하지 않고 오히려 '하나님은 왜 나한테는 안 주시나?'라고 생각합니다. 그것이 바로 교만입니다.

예전에 "받은 복을 세어 보아라"라는 노래를 많이 부르곤 했는데 가사는 이렇습니다.

받은 복을 세어 보아라. 하나하나씩 불러 보아라. 받은 복을 세어보아라. 하나님께서 하신 일을 보아라! 받은 복을 세어 보아라. 하나하나씩 불러 보아라. 받은 복을 세어보아라. 하나님께서 하신 일을 보아라!

− 존슨 오트만 주니어

제가 어렸을 때 교회 사람들이 그 곡으로 인해 얼마나 은혜를 받았는지 간증하곤 했습니다. 어떤 여성이 간증한 내용을 소개하자면 발이 너무 아파서 불평하던 중에 발이 없는 사람을 보게 되었다고 합니다! 그러자 자신이 얼마나 축복받았는지 알게 되어 자신의 태도가 바뀌었다고 합니다. 우울증을 앓는 사람들이 이러한 태도로 집중하는 대상을 바꾼다면 사실은 자신들의 삶이 얼마나 행복한지 놀라게 될 것입니다. 그들이 자신을 겸손히 낮추고 담대함으로(믿음으로) 은혜의 보좌에 나아간다면 극복할 수 있는 은혜를 받게 될 것입니다.

마리 앙투아네트가 참수당하기 전날, 그녀의 붉은 머리카락이 두려움과 근심으로 인해 하룻밤에 다 희어졌다고 합니다. 그것이 사실이라면 엄청난 호르몬 불균형을 겪은 것입니다. 그러나 그녀로 하여금 두려움과 근심에 휩싸이게 만든 것은 호르몬 불균형이 아닙니다. 두려움과 근심이 호르몬 불균형을 야기한 것입니다.

우울증도 마찬가지입니다. 우울증을 앓는 사람들이 호르몬 불균형을 겪고 있다는 것에는 의심의 여지가 없지만 호르몬 문제가 우울증을 야기한 것이 아닙니다. 그들의 우울함, 그러니까 부정적으로 자기 자신에게 집중했던 것이 호르몬 문제를 야기한 것입니다. 이 경우, 우울증 증상을 위한 약을 먹을 수도 있겠지만 겸손하게 문제의 뿌리를 다루어서 이겨낼 수도 있습니다.

예수님께서 하신 모든 일들에 집중하면서 우울해지는 것은 불가능합니다. 상황이 아무리 나쁘더라도 그것은 문제가 아닙니다. 예수님은 천국을 버려두고 사람이 되실 만큼 당신을 사랑하셨습니다. 거절과 죽임을 당하실 만큼 당신을 사랑하셨습니다. 또한 무덤에서 나오셔서 당신에게 믿음으로 은혜에 들어갈 수 있는 자격을 주실 만큼 당신을 사랑하셨습니다(롬 5:2). 당신에겐 입장권이 있습니다. 은혜는 당신의 것입니다. 우리가 스스로를 겸손히 낮추고 그분의 보좌로 나아가기를, 은혜는 기다리고 있습니다.

하나님으로부터 더 큰 은혜를 받는 방법은 매일의 삶을 겸손함과 감사함으로 사는 것입니다. 저는 은사가 출중한 사람은 아닙니다. 그러나 하나님께서 재능 많은 사람들로 제 주위를 채워주심으로써 저의 약함 가운데서 그분의 강함을 보여주셨습니다. 우리 단체의 비전을 어떻게 성취할 것인지 논의할 때, 그들은 제가 알아듣지도 못하는 비즈니스 용어를 쏟아냅니다. 그러면 저는 그것이 무슨 뜻인지 묻기 위해 타임을 외쳐야만 합니다.

저는 제가 제일 똑똑한 사람이 아니라는 사실을 알고 있습니다. 그런데 하나님께서 저에게 은혜를 베푸셨고 제가 지금 하고 있는 일들을 할 수 있게 하셨습니다. 저는 모르면서 아는 척 하는 것보다는 은혜 안에서 안식하면 된다는 것을 배웠습니다.

하나님은 말씀을 가르치는 일에 저를 부르셨고 다른 직원들은 행정적인 부분과 법적인 부분을 관리하도록 부르셨다는 것을 인식하는 것은 강력한 힘이 됩니다. 제가 겸손하여 하나님께서 하라고 하신 일을 붙잡고 있는 한, 그분은 은혜를 공급해 주실 것입니다. 제가 부르심을 받지 않은 일에 대해서는 그 일을 도와줄 사람들을 보내주실 것입니다. 제가 할 일은 오직 하나님께 협조하는 것입니다.

우리는 하나님의 부르심을 감당하기 위해 더 큰 은혜가 필요합니다. 그런데 하나님은 그 은혜를 이미 우리에게 제공해 놓으셨습니다(벧후 1:3). 할렐루야! 우리는 스스로를 겸손히 낮추어 그 은혜를 받기만 하면 됩니다(약 4:6).

아버지, 우리는 당신을 사랑합니다. 우리는 온유함으로 마음에 새겨진 말씀을 받습니다. 그 말씀은 우리의 혼을 구원할 능력이 있습니다(약 1:21). 이 책의 내용이 우리가 이 사회에서 경험하는 것들과 전부 반대되지만 이것이 거절의 메시지가 아니라는 것을 알 수 있도록 우리를 도와주소서. 이것은 사랑과 훈계의 메시지임을 볼 수 있도록 도와주소서. 사랑하는 자녀를 훈계하지 않고 지적하지 않는 아버지가 어디 있겠습니까?(히 12:7) 아버지, 당신이 우리를 사랑하신다는 것을 우리는 압니다. 우리에게 은혜를 부어주기 원하신다는 것을 압니다. 그래서 스스로를 겸손히 낮추고 당신의 법칙에 협조하기로 선택합니다. 가족에 대한 염려, 직장에 대한 염려, 그리고 미래에 대한 염려를 당신께 맡깁니다. 주께서 맡아주실 것을 신뢰합니다. 주님, 우리는 교만을 파기하고 우리 몸을 산 제물로 당신께 드립니다(롬 12:1). 감사하는 자가 되도록, 신실한 증인이 되도록 우리를 가르쳐 주소서. 변치 않는 당신의 선하심 안에서 안식하게 하소서. 필요한 궤도수정을 할 수 있도록 은혜를 베푸시니 감사합니다. 우리는 당신을 사랑합니다. 우리를 들으시는 줄 앎으로(요일 5:14-15) 이 모든 것을 예수님의 이름으로 기도합니다. 아멘.

예수님을 구주로 영접하는 기도

　예수 그리스도를 구세주로 영접하는 선택은 우리가 평생 내리는 결정 중에 가장 중요한 결정입니다!

　하나님의 말씀은 이렇게 약속하고 있습니다. **"네가 만일 네 입으로 예수를 주로 시인하며 또 하나님께서 그를 죽은 자 가운데서 살리신 것을 네 마음에 믿으면 구원을 받으리라 사람이 마음으로 믿어 의에 이르고 입으로 시인하여 구원에 이르느니라"**(로마서 10:9-10) **"누구든지 주의 이름을 부르는 자는 구원을 받으리라"**(로마서 10:13)

　하나님께서는 그분의 은혜로, 우리에게 구원을 주시기 위한 모든 일을 이미 다 마무리 해놓으셨습니다. 이제 우리의 할 일은 단지 믿고 받아들이는 것뿐입니다.

　이렇게 소리 내어 기도하십시오. **"예수님, 예수님이 나의 주님이시며 나의 구원자이심을 고백합니다. 나는 내 마음으로 하나님께서 예수님을 죽은 자 가운데서 살리신 것을 믿습니다. 하나님의 말씀을 믿음으로, 나는 지금 구원을 받습니다. 저를 구원해 주셔서 감사합니다."**

예수 그리스도께 인생을 맡기는 바로 그 순간 그 말씀의 진리가 즉시 영 안으로 들어갑니다. 이제 당신은 거듭났으므로 완전히 새로운 사람이 된 것입니다.

새로운 삶을 얻게 된 것을 진심으로 축하하고 환영합니다!

성령세례를 받는 기도

당신을 사랑하시는 하늘 아버지께서는 하나님의 자녀가 된 당신에게 앞으로 새로운 삶을 사는 데 필요한 초자연적인 능력을 주고 싶어 하십니다.

"구하는 이마다 받을 것이요 찾는 이는 찾아낼 것이요 두드리는 이에게는 열릴 것이니라… 하물며 너희 하늘 아버지께서 구하는 자에게 성령을 주시지 않겠느냐"(누가복음 11:10-13b)

이제 할 일은 구하고, 믿고, 받는 것뿐입니다!

이렇게 기도하십시오. **"아버지, 이 새로운 삶을 살기 위해서는 나에게 하나님의 능력이 필요함을 깨닫습니다. 저를 성령으로 채워 주세요. 이 순간, 나는 믿음으로 성령을 받습니다! 나에게 성령 세례를 주시니 감사합니다! 성령님을 저의 삶에 초청합니다. 성령님을 환영합니다!"**

축하합니다! 이제 당신은 하나님의 초자연적인 능력으로 충만해졌습니다!

무슨 말인지 모르는 언어가 마음속에서부터 입으로 솟아오를 것입니다(고전 14:14). 그것을 믿음으로 크게 말할 때 하나님의 능력이 안에서부터 흘러나와 당신을 영적으로 세워줄 것입니다(고전 14:4). 이제, 언제 어디서든지 원할 때마다 방언으로 기도할 수 있습니다.

주님을 영접하는 기도를 했을 때, 그리고 주님의 성령을 받기 위해 기도했을 때 무엇을 느꼈든 아니면 아무것도 느끼지 못했든 그것은 전혀 중요하지 않습니다. 받은 줄로 마음에 믿으면 받은 것이라고 하나님의 말씀이 약속합니다. **"그러므로 내가 너희에게 말하노니 무엇이든지 기도하고 구하는 것은 받은 줄로 믿으라 그리하면 너희에게 그대로 되리라"**(마가복음 11:24). 하나님은 언제나 그분의 말씀을 지키십니다. 그것을 믿으십시오!

저자 소개

1968년 3월 23일 하나님의 초자연적인 사랑을 대면한 뒤, 앤드류 워맥의 삶은 완전히 변화되었습니다. 저명한 교사이자 저자인 앤드류 워맥의 사명은 세상이 하나님을 보는 관점을 바꾸는 것입니다.

그의 비전은 복음을 가능한 널리, 그리고 깊게 전하는 것입니다. 그의 메시지는 TV 프로그램 '복음의 진리Gospel Truth'를 통해 거의 전 세계 인구의 반 이상이 볼 수 있는 상태로 널리 전해지고 있습니다. 또한 콜로라도 우드랜드 파크에 위치해 있는 캐리스 바이블 칼리지 Charis Bible College를 통해 깊게 전해지고 있습니다. 1994년 설립된 캐리스는 이제 미국 전역과 전 세계에 분교를 세워가고 있습니다.

앤드류 워맥 목사의 설교 자료는 책과 음원, 그리고 영상으로 제작되어 있으며 앤드류 워맥 미니스트리 홈페이지에 무료로 제공되어 있습니다.

연락처

앤드류 워맥 미니스트리 Andrew Wommack Ministries
홈페이지 www.awmi.net
이메일 info@awmi.net
719-635-1111

캐리스 바이블 칼리지 Charis Bible College
홈페이지 www.charisbiblecollege.org
이메일 admissions@awmcharis.com
844-360-9577

믿음의말씀사 출판물

구입문의 : 031-8005-5483 http://faithbook.kr

■ 케네스 해긴의 「믿음 도서관」 책들
- 새로운 탄생
- 재정 분야의 순종
- 나는 지옥에 갔다 왔습니다
- 하나님의 처방약
- 더 좋은 언약
- 예수의 보배로운 피
- 하나님을 탓하지 마십시오
- 네 주장을 변론하라
- 셀 모임에서 성령인도 받기
- 안수
- 치유를 유지하는 법
- 사랑은 결코 실패하지 않습니다
- 하나님께서 내게 가르쳐 주신 형통의 계시
- 왜 능력 아래 쓰러지는가?
- 다가오는 회복
- 잊어버리는 법을 배우기
- 위대한 세 단어
- 하나님의 은사와 부르심
- 그 이름은 "놀라우신 분"
- 우리에게 속한 것을 알기
- 성령을 받는 성경적인 방법
- 하나님의 영광
- 은혜 안에서의 성장을 방해하는 다섯 가지
- 사랑 가운데 걷는 법
- 바울의 계시: 화해의 복음
- 당신은 당신이 말하는 것을 가질 수 있습니다
- 그리스도 안에서
- 말
- 방언기도의 능력을 풀어 놓으라
- 옳은 사고방식 틀린 사고방식
- 속량 – 가난, 질병, 영적 죽음에서 값 주고 되사다
- 네 염려를 주께 맡겨라
- 예언을 분별하는 일곱 단계
- 절망적인 상황을 반전시키기
- 당신의 믿음을 풀어 놓는 법
- 진짜 믿음
- 믿음이란 무엇인가
- 그리스도께서 지금 하고 계시는 일
- 충분하고도 넘치는 하나님 엘 샤다이
- 금식에 관한 상식
- 하나님의 말씀 : 모든 것을 고치는 치료제
- 가족을 섬기는 법
- 조에
- 당신이 알아야 하는 신유에 관한 일곱 가지 원리
- 여성에 관한 질문들
- 인간의 세 가지 본성
- 몸의 치유와 속죄
- 크게 성장하는 믿음
- 하나님 가족의 특권
- 기도의 기술
- 나는 환상을 믿습니다
- 병을 고치는 하나님의 말씀
- 영적 성장
- 신선한 기름부음
- 믿음이 흔들리고 패배한 것 같을 때 승리를 얻는 법
- 믿음의 선한 싸움을 싸우는 법
- 하나님의 계획과 목적과 추구
- 예수 열린 문
- 믿음의 계단
- 당신을 향한 하나님의 계획
- 역사하는 기도
- 기름부음의 이해
- 내주하시는 성령 임하시는 성령
- 재정적인 번영에 대한 성경적 열쇠들
- 어떻게 하나님의 영으로 인도받을 수 있는가?
- 마이더스 터치
- 치유의 기름부음
- 그리스도의 선물
- 방언
- 믿는 자의 권세(생애기념판)
- 믿음의 양식
- 승리하는 교회

■ E. W. 케년
- 십자가에서 보좌까지 무슨 일이 일어났는가?
- 두 가지 의
- 놀라우신 그 이름 예수
- 하나님 아버지와 그분의 가족
- 나의 신분증
- 두 가지 생명
- 새로운 종류의 사랑
- 그분의 임재 안에서
- 속량의 관점에서 본 성경
- 두 가지 지식
- 피의 언약
- 숨은 사람
- 두 가지 믿음
- 새로운 피조물의 실재

■ 스미스 위글스워스
- 스미스 위글스워스의 천국
- 스미스 위글스워스의 매일묵상
- 위글스워스는 이렇게 했다
- 스미스 위글스워스의 능력의 비밀

■ T. L. 오스본
- 행동하는 신자들
- 기적 – 하나님 사랑의 증거
- 새롭게 시작하는 기적 인생

- 좋은 인생
- 성경적인 치유
- 능력으로 역사하는 메시지
- 100개의 신유 진리
- 24 기도 원리 7 기도 우선순위
- 하나님의 큰 그림
- 긍정적 욕망의 힘
- 당신은 하나님의 최고의 작품입니다

■ 잔 오스틴
- 믿음의 말씀 고백기도집
- 하나님의 사랑의 흐름
- 견고한 진 무너뜨리기
- 초자연적인 흐름을 따르는 법
- 당신의 운명을 바꿀 수 있습니다
- 어떻게 하나님의 능력을 풀어놓을 수 있는가?

■ 크리스 오야킬로메
- 여기서 머물지 말라
- 이제 당신이 거듭났으니
- 당신의 인생을 재창조하라
- 이 마차에 함께 타라
- 그리스도 안에 있는 당신의 권리
- 성령님과 당신
- 성령님이 당신 안에서 행하실 일곱 가지
- 성령님이 당신을 위해 행하실 일곱 가지
- 기적을 받고 유지하는 법
- 하나님께서 당신을 방문하실 때
- 올바른 방식으로 기도하기
- 당신의 믿음을 역사하게 하는 법
- 끝없이 샘솟는 기쁨
- 기름과 겉옷
- 약속의 땅
- 하나님의 일곱 영
- 예언
- 시온의 문
- 하늘에서 온 치유
- 효과적으로 기도하는 법
- 어떤 질병도 없이
- 주제별 말씀의 실재
- 마음의 능력

■ 앤드류 워맥
- 당신은 이미 가졌습니다
- 은혜와 믿음의 균형 안에 사는 삶
- 하나님의 참 본성
- 하나님은 당신이 건강하기 원하십니다
- 영 · 혼 · 몸
- 전쟁은 끝났습니다
- 믿는 자의 권세
- 새로운 당신과 성령님
- 노력 없이 오는 변화
- 하나님의 충만함 안에 거하는 열쇠
- 더 좋은 기도 방법 한 가지
- 재정의 청지기 직분

- 하나님을 제한하지 마라
- 하나님의 뜻을 발견하고 따라가며 성취하라
- 하나님의 참 본성
- 하나님의 최선 안에 사는 법
- 더 큰 은혜 더 큰 은총

■ 기타 「믿음의 말씀」 설교자들
- 성령의 삶 능력의 삶
- 복을 취하는 법
- 주는 자에게 복이 되는 선물
- 믿음으로 사는 삶
- 붉은 줄의 기적
- 당신이 말한 대로 얻게 됩니다
- 예수-치유의 길 건강의 능력
- 성령 안의 내 능력
- 존 G. 레이크의 치유
- 믿음과 고백
- 임재 중심 교회
- 성령충만한 그리스도인의 지침서
- 열정과 끈기
- 제자 만들기
- 어떻게 교회를 배가하는가
- 운명
- 모든 사람을 위한 치유
- 회복된 통치권
- 그렇지 않습니다
- 당신의 자녀를 리더로 훈련하라
- 오순절 운동을 일으킨 하나님의 바람
- 주일 예배를 넘어서
- 신약교회를 찾아서
- 내가 올 때까지
- 매일의 불씨
- 여성의 건강한 자아상

■ 김진호 · 최순애
- 왕과 제사장
- 새로운 피조물의 실재
- 믿음의 반석
- 새 언약의 기도
- 새로운 피조물 고백기도집(한글판/한영대조판)
- 성령 인도
- 복음의 신조
- 존중하는 삶
- 성경의 세 가지 접근
- 말씀 묵상과 고백
- 그리스도의 교리
- 영혼 구원
- 새로운 피조물
- 믿음의 말씀 운동의 뿌리
- 1인 기업가 마인드
- 내 양을 치라
- 새사람을 입으라